आधुनिक साहित्य चिंतन
और कुछ विशिष्ट साहित्यकार

आधुनिक साहित्य चिंतन और कुछ विशिष्ट साहित्यकार

डॉ. नरेन्द्र सिंह

वाणी प्रकाशन

वाणी प्रकाशन

4695, 21-ए, दरियागंज, नयी दिल्ली 110 002

शाखा

अशोक राजपथ, पटना 800 004

फ़ोन: +91 11 23273167 फ़ैक्स: +91 11 23275710

www.vaniprakashan.in

vaniprakashan@gmail.com

Adhunik Sahitya Chintan Aur Kuchh Vishit Sahityakar

by Dr. Narendra Singh

ISBN : 978-93-5072-017-2

Criticism

प्रथम संस्करण 1990

आवृत्ति संस्करण 2015

मूल्य : ₹ 300

हर्ष प्रिंटर्स, दिल्ली-110 093 में मुद्रित

वाणी प्रकाशन का लोगो मक़बूल फ़िदा हुसेन की कूची से

विषय-सूची

खण्ड : १

खण्ड : २

मार्क्सवादी साहित्य चिन्तन

मार्क्सवादी साहित्य चिंतन से पूरी तरह से परिचित होने के लिए प्रथमतः हमें यह जानना परम आवश्यक है कि आखिर मार्क्सवाद है क्या ? मोटे तौर पर मार्क्सवाद (Marxism) वह वैज्ञानिक दृष्टिकोण है जिसने दर्शन के क्षेत्र में द्वन्द्वात्मक भौतिकवाद (Dialectical Materialism) और ऐतिहासिक भौतिकवाद (Historical Materialism) नामक दो प्रमुख विचार धाराएँ प्रस्तुत कीं। मार्क्सवादी दर्शन पूर्णतः भौतिकवादी दर्शन (Totel Meterialistic philosophy) है जो परम्परागत भाववादी दर्शन (Idealistic philosphy) की अमूर्त एवं आध्यात्मिक स्थापनाओं के विरोध में पैदा हुआ और प्राकृतिक विज्ञानों की नवीनतम खोजों को आधार बनाते हुए सुप्रसिद्ध जर्मन दार्शनिक हीगल की द्वन्द्वात्मक पद्धति (Hegel's Dialectical method) को भौतिकवादी चिन्तन के सन्दर्भ में ग्रहण करके सर्वहारा वर्ग के दर्शन के रूप में विकसित हुआ। इसके जनक 5 मई 1818 को जर्मनी के 'ट्रायर' शहर में जन्मे सर्वहारा वर्ग के महान् चिन्तक कार्ल मार्क्स और उनके अभिन्न मित्र एवं मार्क्स के सिद्धातों को व्याख्यायित करने वाले फ्रेडरिक एंगेल्स थे।

मार्क्सवादी दर्शन भौतिकवादी चिन्तन की सर्वाधिक समर्थ वैज्ञानिक उपलब्धि है। मार्क्सवादी के व्याख्याताओं ने अपने दर्शन को प्रगतिशील और वैज्ञानिक दर्शन की संज्ञा दी है। जिसके अनुसार मार्क्सवादी दर्शन के माध्यम से संसार को उसके वस्तुगत रूप में स्वीकारा गया है। मार्क्सवादी दर्शन शाश्वत सत्य जैसी रहस्यमय बातों के उद्‌घाटन में न जाकर इस जीवन द्वारा उपस्थित किये गये प्रश्नों के प्रति एक निश्चित और वैज्ञानिक दृष्टिकोण अपनाने का आग्रह करता है।

मार्क्सवादी साहित्य चिन्तन के जन्म से पूर्व पाश्चात्य साहित्य चिन्तन की क्या परम्परा रही है और विभिन्न काल खण्डों में कौन-कौन से साहित्यिक विचारक हुए, उनकी निष्पत्तियों में क्या नव्य पहलू थे मार्क्सवादी साहित्य चितन की पृष्ठभूमि में हम इन्हीं पर दृष्टिपात करेंगे।

पाश्चात्य साहित्य चिन्तन बहुत ही समृद्ध रहा है और उसने समय के उतार चढ़ाव में कई मंजिले तय की हैं। पश्चिमी साहित्य चिन्तन का प्रारम्भ हम यूनानी काव्य चिन्तकों से शुरू मान सकते हैं। इन चिन्तकों में प्लेटो, अरस्तू तथा लौंजाइनस का नाम विशेष उल्लेखनीय है। प्लेटो को तो यूनानी साहित्य

चिन्तन का आदि पुरुष कहा गया है। वैसे प्लेटो से पूर्व भी यूनान में साहित्य चिन्तन की धारणाएँ अपना आकार प्राप्त कर रही थीं और यह मान्यता प्रसिद्ध थी कि काव्य की रचना ईश्वरीय प्रेरणा से सम्पन्न होती है। प्लेटो ने भी अपने काव्य चिन्तन में इस मान्यता की पुष्टि की कि 'कवि दैवि प्रेरणा से काव्य की रचना करता है।' इसके अलावा प्लेटो का यह भी मानना था कि काव्य दृश्य जगत की अनुकृति होता है। प्लेटो काव्य-रचना को बौद्धिक व्यापार न मान कर भावात्मक व्यापार मानता था। प्लेटो की काव्य-व्याख्याएँ उसके ग्रन्थ 'रिपब्लिक' में संकलित हैं। अरस्तू प्लेटो का शिष्य एवं अपने समय का प्रमुख काव्य-शास्त्री था। अरस्तू का काव्य चिन्तन प्लेटो का विरोध करता है लेकिन यह विरोध काव्य रचना सम्बन्धी अपनी नई मान्यताओं के बल पर था, सीधे-सीधे नहीं। लौंजाइनस यूनान का प्रसिद्ध समीक्षक था। इसके साहित्य चिन्तन में शास्त्रवाद (Classicism) के साथ ही स्वच्छन्दतावाद (Romanticism) का भी प्रभाव देखा जा सकता है। प्लेटो, अरस्तू एवं लौंजाइनस जैसे यूनानी काव्य चितकों के कारण सहज ही पश्चिमी काव्य-चिन्तन को एक सुदृढ़ आधार प्राप्त हो गया जिस पर कालान्तर में काव्य-चिन्तन की एक मजबूत इमारत खड़ी हो सकी।

प्राचीन यूनानी काव्य चिन्तन के इस युग के पश्चात् पाश्चात्य साहित्य चिन्तन के क्षेत्र में लगभग एक हजार वर्षों तक एकदम सन्नाटा सा छाया रहा वैसे इस समयान्तर में छिट पुट साहित्य चिन्तक हुए जरूर। इस काल-खण्ड को समीक्षकों ने 'मध्ययुग या अलंकार युग' को संज्ञा दी। इस युग में चतुर्दिक ईसायियत का बोल बाला रहा, फलतः पादरी-पुरोहितों का प्रभुत्व स्थापित हुआ। धार्मिक साहित्य के नाम पर पादरी, पुरोहितों की आकांक्षाओं की अभिव्यक्ति होती रही। इन सबसे साहित्य कों मुक्ति दिलाया इस युग के अन्त में आर्विभूत 'डिवाइन कामेडी' (Divine Comedia) के लेखक 'दाँते' ने। इस महाकाव्य ने संकीर्ण ईसायियत के प्रति क्षोभ व्यक्त किया। दाँते द्वारा यह प्रतिपादित किया गया कि विषय का महान् और गम्भीर होना परमावश्यक है।

मध्ययुगीन कुहाच्छन्न पाश्चात्य साहित्य चिन्तन का अगला कदम संक्रमण-काल था इसे पुर्नजागरण काल कहा जाता है। इस युग में 'फिलिप सिडनी' ने अपने निबन्ध 'कविता की वकालत' (An apology for Poetry) में प्रथम बार कुछ नए विचारों को सामने रखा और प्लेटो और अरस्तू के काव्य सिद्धांतों की नई व्याख्या की।

इसके बाद पाश्चात्य साहित्य चिन्तन में नव्य शास्त्रवाद (Neo-Classical

Age) का उदय होता है। सौ वर्षों तक चलने वाले इस काल के पश्चात् आधुनिक काल का प्रारम्भ हुआ जिसमें 'जान ड्राइडन' जैसे साहित्य-चिन्तक अस्तित्व मे आये। 'ड्राइडन' ने अपने साहित्य चिन्तन में कल्पना को अत्यधिक महत्व दिया है। इसी क्रम में एडीसन ने कल्पना को 'इन्द्रिय गोचर सुखात्मक संवेदना' माना। इस युग में एडीसन तथा पोप का भी नाम उल्लेखनीय है।

आधुनिक युग के जर्मन स्वच्छन्दतावादी साहित्य-चिन्तकों में लेसिंग, शिलर तथा गेटे प्रसिद्ध हैं। जर्मनी का स्वच्छन्दतावाद इंग्लैण्ड के स्वच्छन्दतावाद से भिन्न है। लेसिंग ने साहित्य चिन्तकों के इस भ्रम का निराकरण करने का प्रयास किया कि अनुकृति मूलक होने के कारण सारी कलाएँ विभिन्न माध्यमों से एक ही वास्तविकता का अंकन करती हैं फलतः उनमें कोई अन्तर नहीं है। इसके अलावा उसने इस प्राचीन मान्यता का भी खण्डन किया कि 'चित्र मूक कविता है और कविता मुखर चित्र'। अपने साहित्य चिन्तन में लैसिंग ने साहित्य की दूसरी विधाओं में कविता को मुख्य स्थान दिया था। स्वच्छन्दतावादी अंग्रेजी साहित्य चिन्तकों में विलियम वर्ड्सवर्थ और कालरिज का प्रमुख स्थान हो नहीं है बल्कि वे अंग्रेजी स्वच्छन्दतावादी साहित्य चिन्तन के पुरस्कर्ता भी माने जाते हैं। वर्डस्वर्थ भी काव्य में अनुभूति की केन्द्रीयता को स्वीकार करता था। काव्य की उत्पत्ति के सम्बन्ध में वर्ड्सवर्थ की यह धारणा थी कि 'काव्य शक्तिशाली भावोद्वेगों की अकृत्रिम या स्वतः स्फूर्त अभिव्यंजना है।' वर्ड्सवर्थ के काव्य सम्बन्धी विचार उसकी सुप्रसिद्ध कृति लिरिकल वैलेड्स (Lyrical Ballads) में देखे जा सकते हैं। कालरिज का साहित्य चिन्तन 'बायाग्राफिया लिटरेरिया' में संगृहीत है। कालरिज के अनुसार 'सौन्दर्य ही कविता का प्राणतत्व है। पर्सी ब्राउन शैली वस्तुतः एक विचारक था 'कविता की वकालत' शीर्षक अपने निबन्ध में उसके काव्य-चिन्तक विचार स्पष्ट हैं। उसने काव्य में कल्पना शक्ति को प्रधान तत्त्व माना।

स्वच्छन्दतावादी काव्य चिन्तकों ने पाश्चात्य साहित्य को निःसंदेह एक नया आयाम प्रदान किया।

उन्नीसवीं शताब्दी के अन्तिम चरण में औद्योगीकरण की प्रक्रिया में नये सामाजिक सम्बन्ध उपज रहे थे। पूँजीवादी व्यवस्था का एक नया ढांचा खड़ा हो रहा था। समाज का बौद्धिक ढाँचा भी तेजी से बदल रहा था। जगत को देखने एवं समझने के दृष्टिकोण में भी बदलाव आया। भावोच्छ्वास पूर्ण तथा काल्पनिक युक्तियों का स्थान बौद्धिक चिंतन ने ग्रहण किया तथा साहित्य में यथार्थपरक दृष्टिकोण का जन्म हुआ, आधुनिक युग का प्रवेश हुआ। डार्विन के विकासवादी सिद्धांत ने लोगों की आँखों के सामने से आदर्शवादी रोमानियत

का पर्दा जैसे एकाएक खींचकर रख दिया। फलतःफ्रेंच विचारक सेंट व्यूव जैसे लोग आये। सेंट व्यूव ने जीव विज्ञान की नवीनतम खोजों से प्रभावित होकर साहित्य की परीक्षा इस तरह से कर डाली कि 'जैसा वृक्ष होगा वैसा ही फल होगा'। लेकिन यथार्थवादी साहित्य चिन्तन में मैथ्यू आरनाल्ड, जान रस्किन तथा लियो तोल्सतोय जैसे विचारक भी उभरे जिन्होंने यथार्थवादी साहित्य चिंतन के विकास में महत्वपूर्ण भूमिका निभायी।

मैथ्यू आरनाल्ड एक आलोचक ही नहीं एक कवि के रूप में भी प्रसिद्ध था। उसने 'काव्य को जीवन की व्याख्या माना है।' जान रस्किन अपनी उपयोगितावादी दृष्टिकोण के कारण यथार्थवादी कला चिन्तक के रूप में प्रसिद्ध हैं। रूसी कथाकार लियो तोल्सतोय के साहित्य सम्बन्धी विचार हमें उनकी कृति 'कला क्या है' (What is Art) के माध्यम से प्राप्त है टाल्सटाय के उदार और मानवतावादी धर्मबोध ने उनका सम्बन्ध विश्व मानवता के साथ स्थापित किया है। इसी का परिणाम है कि उन्होंने जो कुछ भी लिखा वह वर्ग विशेष के लिए न होकर समूची मानवता के लिए है। टाल्सटाय ने अपने समय की कला को जनसामान्य की कला न कह कर उच्च वर्ग की कला कहा जो कला मात्र अनैतिकता तथा विकृति को प्रश्रय प्रदान करती है। धनी लोगों के लिए रची जाने वाली कला को टाल्सटाय वेश्यावृत्ति की संज्ञा देते थे। टाल्सटाय की यह मान्यता थी कि साहित्य की सार्थकता उसकी मानवतावादी आकृति में ही है। जो साहित्य सम्पूर्ण मानवता के मंगलार्थ हो वही साहित्य है। इन साहित्यिक अर्थों में वस्तुतः टालस्टाय सत्यम् शिवम् सुन्दरम् के पक्षधर थे।

जिस समय कार्लमार्क्स दर्शन और साहित्य के क्षेत्र में बौद्धिक जनमानस को मंथित कर रहे थे पश्चिम में अनेक साहित्यिक वादों की उपज हो रही थी हम यह तो मान सकते हैं कि ये साहित्यक धाराएँ मार्क्सवादी साहित्यचिंतन की प्रतिक्रियाएँ नहीं थीं लेकिन इन्हें मार्क्सवादी साहित्य चिंतन को विरोधी धाराएँ अवश्य कहा जा सकता है। इनमें कलावादी चिंतन प्रमुख था।

'कला कला के लिए' सिद्धांत को क्रोचे के 'अभिव्यंजनावाद' से काफी बल मिला। यों तो इस सिद्धांत को मानने वालों में एलन पो, आस्कर वाइल्ड, ब्रेडले जैसे साहित्य चिंतक भी थे लेकिन इस सिद्धांत को पुष्टाकार किया इटली के साहित्य चिंतक वेनीदेते क्रोचे ने। क्रोचे ने अभिव्यंजनावाद (Expressionism) को साहित्य से अभिन्न माना। क्रोचे का साहित्य चिन्तन मूलतः आत्मवादी, भाववादी कला-चिंतन है।

वैज्ञानिक मूल्यवाद के संदर्भ में साहित्य चिंतक आई० ए० रिचर्डस का नाम

प्रमुख रूप से लिया जाता है। आई० ए० रिचर्डस ने बीसवीं शताब्दी के वैज्ञानिक युग के संदर्भ में अपनी साहित्य-समीक्षा को वैज्ञानिक धरातल पर प्रस्तुत किया। वे मानव जीवन में साहित्य की उपयोगिता को महत्व देते थे। वह साहित्य में मानवीय अनुभूतियों को रूपायित करने का हामी था। रिचर्डस के साहित्य में व्यक्त मनोवैज्ञानिक चिंतन उन मनोवैज्ञानिक चिंतकों के फलस्वरूप परिलक्षित होता है जिन्होंने साहित्य के क्षेत्र में अपना जबरदस्त प्रभाव डाला इनमें सबसे प्रभावशाली भूमिका निभायी फ्रायड, एडलर, और युंग ने। फ्रायड ने मनुष्य के व्यक्तित्व सम्बन्धी क्रिया कलापों की पुरानी धारणाओं को बुरी तरह से ध्वस्त किया और अपने मतों द्वारा मनोवैज्ञानिक चिंतन के क्षेत्र में क्रांति मचा दी।

फ्रायड के अनुसार कला सृजन में कलाकार की दमित एवं कुण्ठित इच्छाएँ आकार प्राप्त करती हैं। दमित इच्छाएँ हमेशा अपने निकास का मार्ग खोजती रहती हैं जो साहित्य को भी मार्ग बना कर प्रकट होती हैं। फ्रायड ने स्वप्न सिद्धांत का प्रतिपादन कर स्वप्न का सहित्य से सम्बन्ध दिखाया मनुष्य के अवचेतन में दबी काम-वासनाएँ स्वप्न के माध्यम से प्रकट होती हैं। फ्रायड के अनुसार जैसे स्वप्न में दमित काम-काम-वासनाएँ वेश बदल कर दिखाई पड़ती हैं उसी प्रकार साहित्य में साहित्यकार की दमित-वासनाएँ भी अपना चोला बदल कर व्यक्त होती हैं। साहित्यकार अपनी कल्पना शक्ति के जोर पर अपनी ऐसी वासनाओं को वह जामा पहनाता है जो समाज को ग्राह्य हो। इसी कारण साहित्य लोगों को आनन्द प्रदान करता है। इसीलिये फ्रायड ने साहित्य या कला की सर्जना को आत्मोपचार माना है क्योंकि दमित-वासनाएँ साहित्य द्वारा व्यक्त हो जाने पर एक तरफ जहाँ रचयिता को हल्कापन प्रदान करती हैं वहीं इसके पाठक भी वासनाओं की अभिव्यक्ति को देखकर सन्तोष और हल्कापन महसूस करते हैं।

फ्रायड के मनोसिद्धांतों का पाश्चात्य सहित्य चिंतन के क्षेत्र में कितना जबरदस्त प्रभाव पड़ा इसका पता इसी से लग जाता है कि इसको चरितार्थ करने की प्रक्रिया में 'अतियथार्थवाद' (Surrealism) नामक एक नए साहित्यिक आन्दोलन का जन्म हुआ। आन्द्रे ब्रेतों तथा पाल एलुअर इस अन्दोलन के जनक थे। अतियथार्थवादी साहित्य चिंतकों के अनुसार साहित्य का अर्थ है अचेतन में डूबे हुए को प्रकट करना।

प्रतीकवाद (Symbolism) का जन्म प्रकृतिवाद (Naturalism) के विरुद्ध रोमान्टिक (Romantic) प्रतिक्रिया के रूप में हुआ था। प्रतीकवाद के तत्व यों तो अंग्रेजी कविता में पहले से मौजूद थे परन्तु इसका शुद्ध रूप आन्दोलन के

पश्चात् फ्रांसीसी साहित्य में स्पष्ट हुआ। मेलामें और वर्ले तथा रिम्बो फ्रांसीसी प्रतीकवाद के आधार स्तम्भ हैं। प्रतीकवादियों ने एक ऐसे सौंदर्य-लोक की रचना की जो रहस्यवादी आवरण से ढँक कर एक विचित्र सत्ता के रूप में प्रकट हुआ।

उपर्युक्त सभी विचारधाराओं में से सर्वाधिक प्रभावी एवं लोकप्रिय विचार-धारा युद्ध की विभीषिका के कारण उत्पन्न असुरक्षा की भावना से जन्मा अस्तित्ववादी दर्शन था। युद्धोत्तर फ्रांसीसी लेखक ज्यां पाल सार्त्र ने अपने साहित्य के माध्यम से इस विचारधारा को काफी लोकप्रिय बनाया। अस्तित्ववादी विचार-धारा का मूल तत्व मनुष्य का अस्तित्व है। अस्तित्ववादी दृष्टिकोण की व्याख्या सार्त्र ने अपनी पुस्तक (Existentialism and Humanism) में की है। सार्त्र के अनुसार अस्तित्ववाद निराशा का दर्शन नहीं है।

कार्लमार्क्स ने साहित्य के बारे में भी सोचा है और बहुत गहराई के साथ सोचा है। मार्क्स को अपने समकालीन साहित्य के अलावा अतीत के साहित्य का भी वृहद् ज्ञान था। मार्क्स के बाद के भी सभी मार्क्सवादी चिन्तकों ने अपने चिंतन में साहित्य को प्रमुख आधार दिया है। इन सभी मार्क्सवादियों द्वारा साहित्य के प्रश्न पर दिये गये विचार एवं मान्यताएँ मार्क्सवादी साहित्य चिंतन के अन्तर्गत आती हैं।

मार्क्सवादी साहित्य चिंतन के अन्तर्गत कला और साहित्य को सामाजिक जीवन से अलग नहीं माना गया है। मार्क्सवादी रचनाकार साहित्य मूल्यों और जीवन मूल्यों को परस्पर विरोधी या एक दूसरे से अलग न मानकर उन्हें एक ही वृहद् प्रक्रिया का अंग स्वीकार करता है। मार्क्सवादी चिंतकों या साहित्यकारों के चिंतन या रचनाएँ कला और जीवन की भूमिकाएँ एवं उपकरण उनमें मिल जुल कर अभिव्यक्ति पाते हैं। यही कारण है कि साहित्य एवं कला सम्बन्धी बुनियादी प्रश्नों पर विचार करते हुए मार्क्सवादी साहित्य चिंतकों एवं रचनाकारों ने ऐसे साहित्येतर बुनियादी जीवन मूल्यों पर भी विचार किया है जो किसी न किसी स्तर पर अथवा किसी न किसी कोण से साहित्य एवं कला सृजन पर अपना प्रभाव डालते हैं।

मानव समाज का इतिहास वर्ग संघर्षों का इतिहास रहा है। दासों और अभिजात वर्ग अर्थात पीड़ित और पीड़क वर्गों में हमेशा से संघर्ष होता आया है। वे कभी छिपे और कभी प्रकट रूप में हमेशा से लड़ते आये हैं। हालांकि आज तक यह लड़ाई चल रही है। लेकिन जहाँ-जहाँ और जब-जब भी इस लड़ाई का परिणाम निकला है या तो समाज का सम्पूर्ण ढाँचा ही बदल गया है या फिर दोनों ही वर्ग थक कर पुनः शक्ति परीक्षण के इन्तजार में चुप बैठ गये हैं।

सत्ताधारी वर्ग के विचार हर युग में सत्ताधारी हुआ करते हैं। अर्थात् जो वर्ग समाज की सत्ताधारी शक्ति होता है वह साथ ही उसकी सत्ताधारी बौद्धिक शक्ति भी होता है जिस वर्ग के पास भौतिक उत्पादन के साधन होते हैं, उसका बौद्धिक उत्पादन पर भी नियंत्रण होता है साफ है कि इस व्यवस्था में साधारणतः जिन लोगों के पास में बौद्धिक उत्पादन के साधनों का अभाव होता है उन लोगों के विचार सत्तापक्ष के पास गिरवी रहते हैं। जिन लोगों को लेकर सत्तारूढ़ दल बनाता है उनके पास चेतना होती है परिणामतः वे सोचते हैं तथा अपने युग का विस्तार तथा परिधि निर्धारण करते हैं।

हर नया वर्ग जो अपने से पहले शासन करने वाले वर्ग के स्थान पर अपने को प्रतिष्ठित करता है अपनी लक्ष्य सिद्धि की खातिर ही अपने हित को समाज के तमाम सदस्यों के समान हित के रूप में प्रस्तुत करने के लिए बाध्य होता है अर्थात् उसे अपने विचारों को सार्वत्रिकता का रूप देना पड़ता है और उन्हें युक्ति युक्त वैध विचार रूप में प्रस्तुत करना पड़ता है। सर्वहारा वर्ग अपने स्वभाव के कारण एक वर्ग रूप में नहीं बल्कि सम्पूर्ण समाज के प्रतिनिधि के रूप में प्रकट होता है यही वर्ग समाज में क्रांति करने वाला होता है। ऐसा इसलिए होता है क्योंकि इस वर्ग के हित और तमाम गैर सत्ताधारी वर्ग के हित समान होते हैं।

कार्लमार्क्स के अनुसार समाजिक जीवन की उत्पादन-प्रक्रिया में मनुष्य ऐसे निश्चित सम्बन्धों की स्थापना कर लेते हैं जो निहायत जरूरी है। इन्हीं संबन्धों की पूर्णता से ही समाज के आर्थिक आधार का निर्माण होता है। इसी आधार पर एक न्यायपूर्ण राजनीतिक बाह्य संरचना आकार प्राप्त करती हैं और इसी में सामाजिक चेतना अपने सुनिश्चित रूप में आपस में सामन्जस्य स्थापित करती है। मार्क्स के अनुसार सामान्यतः भौतिक जीवन की उत्पादन विधि ही हमारे सामाजिक राजनीतिक एवं बौद्धिक जीवन प्रक्रिया को व्यवस्थित करती है। 'मनुष्य की चेतना उसके अस्तित्व का निर्धारण करने में समर्थ नहीं होती बल्कि मनुष्य का सामाजिक अस्तित्व मनुष्य की चेतना का निर्धारण करता है[1]।

विकास के एक निश्चित स्तर पर पहुँचकर समाज की भौतिक उत्पादन शक्तियाँ तत्कालीन उत्पादन सम्बन्धों से या उन सम्पत्ति सम्बन्धों से टकराती हैं जिनके अन्तर्गत वे उस समय तक काम कर रही होती हैं लेकिन ये सम्बन्ध उनके लिए बन्धन का रूप धारण कर लेते हैं और सामाजिक क्रांति का युग शुरू हो जाता है। इस प्रक्रिया में आर्थिक बुनियाद के साथ-साथ समाज का ऊपरी ढांचा भी तेजी से बदलता है।[2]

चेतन विचारों की रचना प्रारम्भ में लोगों की भौतिक क्रियाएँ तथा भौतिक संसर्ग वास्तविक जीवन की भाषा से प्रत्यक्ष जुड़ी होती हैं। लोगों के भौतिक आचरण के प्रत्यक्ष परिणाम रूप परिकल्पनाएँ और चिंतन आते हैं। यही बात मानसिक सर्जना पर भी लागू होती है अर्थात चेतना सचेतन अस्तित्व के अलावा कुछ हो ही नहीं सकती।

साहित्य का विकास आर्थिक विकास पर आश्रित होता है लेकिन ये आर्थिक विकास को भी प्रभावित करती हैं। इसका अर्थ यह कदापि न समझना चाहिए कि एक मात्र सक्रिय तत्व आर्थिक परिस्थिति हीं है। इस विषय को और स्पष्ट करने के लिए हमें 'जौ० ब्लोख' को लिखी गई एंगल्स की चिट्ठी पर गौर करना चाहिए 'इस में अंशतः स्वयं मार्क्स का और मेरा दोष है कि हमारे नौजवान लोग कभी-कभी आर्थिक पहलू पर जरूरत से ज्यादा जोर देते हैं। हम लोगों को सिद्धान्त पर जोर देना पड़ा था क्योंकि हमें उन विरोधियों का सामना करना पड़ता था जो उसका खण्डन करते थे।'

सत्ताधारी वर्ग के विचार हर युग में सत्ताधारी हुआ करते हैं। इसका अर्थ यह हुआ कि हर युग में सत्ता पक्ष के पास बौद्धिक शक्ति भी निहित होती है। अर्थात भौतिक उत्पादन के साधन से सम्पन्न वर्ग बौद्धिक उत्पादन पर भी नियंत्रण रखता है। सत्ताधारी विचार-विचार रूप में ग्रहण योग्य प्रभुत्वशाली भौतिक सम्बन्धों की बौद्धिक अभिव्यक्ति है। हर युग के प्रभुत्वशील विचार सदा उसके शासक वर्ग के ही विचार रहे हैं।

अब सवाल यह पैदा होता है कि क्या साहित्य विचार धारा मात्र है ? मार्क्स की इस निष्पत्ति को लेकर अनेक प्रकार के विवाद उठ खड़े हुए हैं। दरअसल विचार धारा शब्द को ठीक से न समझ पाने के कारण ही मार्क्स के बाद के मार्क्सवादी विचारकों ने साहित्य सम्बन्धी मार्क्स के मूल विचारों को बिना ठीक-ठीक समझे वर्ग संघर्ष और साम्यवादी व्यवस्था के निर्माण में साहित्य को हथियार मात्र समझ लिया। जब कि एंगेल्स का कहना है कि 'मैं सोचता हूँ कि प्रयोजन को स्वयं परिस्थिति तथा कार्यकलाप में अपने को व्यक्त करना चाहिए विशेष रूप से लक्षित किए बिना और लेखक अपने द्वारा वर्णित सामाजिक टकरावों का भावी ऐतिहासिक समाधान पाठक के सामने तैयार शुदा रूप में प्रस्तुत करने के लिए कर्तव्यबद्ध नहीं है। 'सामाजिक प्रयोजन मूलक उपन्यास मेरी दृष्टि में उस समय अपने ध्येय की पूर्णतः पूर्ति करता है जब वह वास्तविक सम्बन्धों का सच्चा चित्रण कर इन सम्बन्धों के स्वरूप के बारे में हावी रहने वाले प्रचलित भ्रमों को मिटा देता है। बुर्जुआ दुनियाँ के आशावाद को झकझोर देता है अस्तित्वमान के

आधार की शाश्वतता के बारे में शंका का समावेश करता है। भले ही लेखक ने इसके बारे में कोई निश्चित समाधान प्रस्तुत न किया हो।' मार्क्सवाद के इसी नियम के अनुसार सच्चा मार्क्सवादी हिन्दी साहित्य में मार्क्सवादी मुखौटा ओढ़े यशपाल के उपन्यासों की अपेक्षा जयशंकर प्रसाद के नाटकों को अधिक प्रगतिशील तथा ध्येय की पूर्ति में सक्षम मानता है।

'यथार्थवाद (Realism) का अर्थ तफसील की सच्चाई का, आम परिस्थितियों में आम चरित्रों का सच्चाई भरा पुनर्सृजन है।' साहित्य में यथार्थ चित्रण के प्रश्न पर मार्क्सवादी साहित्य चिंतक भ्रम मुक्त हैं। मार्क्सवादी साहित्य चिंतन में चित्रण की मूल वस्तु बाह्य संसार और उसके नानारूप ही हैं जो निरन्तर सक्रिय तत्व हैं और जो निरन्तर परिवर्तन शील हैं। इसके अलावा मुख्य प्रश्न यह है कि बाह्य जगत की विविधता को ज्यों का त्यों साहित्य में चित्रित करें या साहित्य अपनी विशिष्ट प्रकृति के अनुसार उसे ग्रहण करें। अर्थात प्रश्न वस्तुगत यथार्थ और साहित्य में चित्रित यथार्थ का है। मा० हार्कनेस को एंगेल्स द्वारा लिखी गई चिट्ठी में एंगेल्स लिखते हैं 'लेखक के विचार जितने छुपे रहें कला की कृति उतनी ही अच्छी होती है। मैं जिस यथार्थवाद की बात कर रहा हूँ वह लेखक के दृष्टिकोण के बावजूद उभर सकता है।'

अर्थात् मार्क्सवादी साहित्य चिंतन साहित्य में फोटोग्राफिकल यथार्थ चित्रण को ही एक मात्र तत्व नहीं मानता। बल्कि वह प्राकृत रूप में चित्रित वस्तु को यथार्थ मानता है। साहित्य एक दर्पण मात्र ही नहीं है जो निष्क्रिय रूप से बाह्य यथार्थ का ब्रिम्ब मात्र प्रस्तुत करके रह जाय। रचनाकार को मात्र 'कैमरा मैन' हो के न रह जाना चाहिए।

साहित्य में यथार्थ को उसके बाह्य उपलब्ध रूप में न देखकर, उसे अतीत और आगत से जोड़कर उसकी समग्रता में ग्रहण करना और दर्शाना ही मार्क्सवादी साहित्य चियन का आवश्यक पक्ष है। प्रतिनिधि परिस्थितियों में प्रतिनिधि पात्रों के चित्रण को ही सच्चे यथार्थ की संज्ञा दी जा सकती है। मार्क्स तथा एंगेल्स ने जो फ्रांसीसी साहित्यकार बाल्जाक और अंग्रेजी साहित्यकार शेक्सपियर की भूरि-भूरि प्रशंसा की तो इसका कारण इन रचनाकारों की सत्य के प्रति निष्ठा रही है जिसके चलते इन रचनाकारों ने अपने चहेते वर्ग के प्रति मोह के बावजूद इस वर्ग की असलियत को भी उतनी ही निर्ममता से उद्घाटित किया। मार्क्सवादी साहित्य चिंतकों ने एक स्वर साहित्य का मूल चरित्र यथार्थ धर्मिता माना है। 'लूकाच' ने तो यथार्थ को साहित्य का प्राणतत्व माना है। इनके अनुसार

यथार्थ कोई टुकड़ों में बंटी वस्तु न ही कर ऐसो इयत्तता है जिसमें जीवन समाज तथा मनुष्य अपनी समग्रता में अभिव्यक्त होते हैं।

एक तो साहित्य यथार्थ का दर्पण नहीं है दूसरे साहित्य में चित्रित यथार्थ मात्र तात्कालिक संदर्भों से युक्त न हो कर अतीत और आगत की सम्भावनाओं से युक्त होता है। संक्षेप में मार्क्सवादी साहित्य चिंतकों की यथार्थवाद के प्रति यही धारणा है।

मार्क्सवादी साहित्य चिंतन समाजवादी यथार्थवाद को साहित्य के क्षेत्र में एक कलात्मक प्रतिमान के रूप में स्वीकार करता हैं। साहित्य में इसको प्रतिष्ठापित करने का श्रेय मैक्सिम गोर्की एवं जार्ज लूकाच को है।

स्टालिन युग में समाजवादी यथार्थवाद का प्रयोग साम्यवादी युद्ध के एक साधन के रूप में किया गया। जिसके अन्तर्गत राजनीतिक दृष्टिकोण की प्रखरता का आग्रह था। साहित्य में समाजवादी यथार्थवाद को साम्यवादी नीतियों का पोषक माना गया और यह अपेक्षा की गयी कि इसका उपयोग पार्टी नीतियों की पक्षधरता के रूप में हो।

जहाँ जार्ज लूकाच तथा अन्य मार्क्सवादी साहित्य चिंतकों ने समाजवादी यथार्थवाद की समाजवादी वास्तविकता (Socialist Reality) का चित्रण करने वाले रूप में स्वीकार किया वहीं चीनी साहित्यकार चाउ-च्यांग के अनुसार सामाजिक यथार्थवाद वास्तत्रिकता का समाजवादी दृष्टि से किया जाने वाला चित्रण है।

वस्तुतः समाजवादी यथार्थवाद का तात्पर्य वस्तुगत यथार्थ में समाजवादी समझ की अनुकूलता है। समाजवादी यथार्थ-यथार्थ की वह समग्र दृष्टि है जो ऐतिहासिक परिप्रेक्ष्य में वस्तुगत यथार्थ को पूरी समग्रता में देखता है ये इस अर्थ में हवाई यूटोपिया से भिन्न है कि इसकी जड़ें वस्तुगत यथार्थ में गहराई के साथ पेवस्त हैं।

मार्क्सवादी साहित्य चितन में सौंदर्य और उसका वस्तुगत आधार प्रकृति तथा मानव जीवन का सौंदर्य है। सौंदर्य को अलग विषय न मानकर जीवन के अन्य बुनियादी प्रश्नों के साथ बहस का मुद्दा बनाया गया है। मार्क्सवादी साहित्य चिंतन में सौंदर्य वस्तुगत है। मार्क्सवादी विचारकों के अनुसार सुन्दरता वस्तु का गुण है और गुण को वस्तु से पृथक नहीं किया जा सकता। यही कारण है कि सुन्दर वस्तु सभी को सुन्दर लगती है।

काडवेल के अनुसार मनुष्य की सौंदर्य सम्बन्धी धारणा युग-विकास-क्रम के अनुसार परिवर्तित होती रहती है यह एक विकासशील धारणा है। कोई भी युग

अपने पूर्वजों द्वारा निर्मित सुन्दर वस्तुओं से संतुष्ट नहीं होता इसीलिये ऐसी वस्तुओं के निर्माण की प्रक्रिया चलती रहती है जो पूर्ववर्ती वस्तुओं से भिन्न, सुन्दर और विशिष्ट होती हैं।

सौंदर्य अपने में कोई दिव्य वस्तु न होकर मानव जीवन के संदर्भ में ही विकसित होने वाली एक ऐसी धारणा हैं जिसे बाह्य जगत के साथ अपने सम्पर्क के फलस्वरूप मनुष्य ने प्राप्त ओर विकसित किया है।

समाज के गुणात्मक एवं परिणात्मक परिवर्तन साहित्य में अन्तर्वस्तु और आकृति के रूप में व्यक्त होते हैं। वस्तु का अर्थ होता है प्रतिपाद्य का उद्देश्य, दृष्टिकोण या विश्वदृष्टिकोण या समग्र रचना प्रक्रिया का संगठनात्मक बोध और आकृति का मतलब होता है प्रतिपाद्य को गहन करने वाला माध्यम या उसका रूप विन्यास।

गैर मार्क्सवादी साहित्य चिंतकों ने मार्क्सवादी साहित्य चिंतन पर यह आरोप लगाया है कि 'मार्क्सवादी साहित्य चितन' 'वस्तुतत्व' को न केवल प्रमुखता प्रदान करता है बल्कि रूप तत्व' की उपेक्षा करने के कारण एक समग्र और संतुलित साहित्य चिंतन कहे जाने का अधिकारी नहीं है।' गैर मार्क्सवादियों द्वारा लगाया गया यह आरोप एगेल्स के इस पत्र द्वारा निर्मूल सिद्ध हो जाता हैं जो उन्होंने 'फ्रॉज मेहरिंग' को लिखा है। इस पत्र में एगेल्स लिखते हैं ''विषय वस्तु की खातिर आरम्भ में रूप की सदा उपेक्षा की जाती है। मैंने भी यही किया हैं और भूल का बोध सदा बाद में ही जाकर हुआ हैं।' अर्थात मार्क्सवादी साहित्य चिंतन में प्रारम्भ में रूप तत्व को लेकर जो भ्रम था वह समाप्त किया जा चुका था। सैद्धान्तिक तौर पर मार्क्सवादी विचारक प्रथम तो वस्तु तथा रूप को अलग-अलग वर्गों में विभाजित करने के ही विरोधी हैं। दूसरे वस्तु तथा रूप की समष्टि को ही वे साहित्य की वास्तविक इयत्तता मानते हैं। प्रायः सभी मार्क्सवादी साहित्य चिंतकों ने वस्तु और रूप तत्व की अभिन्नता को ही सच्ची कला माना है। इनमें प्लाखानोव, हावर्ड फास्ट, लूकाच, काडवेल, ट्राटस्की आदि मुख्य साहित्य चितक हैं। वस्तु और रूप परस्पर अभिन्न हैं। इन्हे एक दूसरे से अलग नहीं किया जा सकता यह दूसरी बात है कि व्यावहारिक रूप में मार्क्सवादी साहित्य चिंतक इनमें से किसे प्राथमिक महत्व देते हैं और किसे द्वितीयक। जहाँ तक इस प्रश्न को बात है तो यह एकदम साफ है कि मार्क्सवादी विचारक वस्तु तत्व को प्रथम और प्रमुख तत्व मानते हैं। प्रसिद्ध मार्क्सवादी साहित्य चिंतक लूनाचरस्की वस्तु तत्व को साहित्य का निर्णयक तत्व मानते हैं। बावजूद इसके मार्क्सवादी साहित्य

चिंतकों को यह भी मान्यता है कि 'रूप तत्व' न केवल 'वस्तु तत्व' को प्रभावित करता है वरन कभी-कभी उसका रूपान्तरण भी कर देता है।

साहित्य का मूल्यांकन और खास कर अतीत के साहित्य का मूल्यांकन कैसे हो, किसी साहित्यिक कृति के मूल्यांकन का क्या आधार हो, मूल्यांकन के सही प्रतिमान क्या हों ? जो रचनाकार के साथ-साथ मार्क्सवादी विचारधारा के साथ भी पूरा-पूरा न्याय कर सकें। मार्क्सवादी साहित्य चिंतन के अन्तर्गत साहित्य के मूल्यांकन पर भी गम्भीरता के साथ विचार किया गया है।

आधार तथा बाह्य संरचना (Basis and Super-structure) सम्बन्धी विवेचना के अन्तर्गत कार्ल मार्क्स ने साहित्य का बुनियादी आधार आर्थिक-भौतिक-जीवन को माना है। मार्क्सवादी साहित्य चिंतकों ने सर्वाधिक बल साहित्य के मूल्यांकन की सही दृष्टि पर दिया है। मार्क्सवादी साहित्य चिंतकों के अनुसार साहित्य के मूल्यांकन का दृष्टिकोण 'ऐतिहासिक भौतिकवाद' के परिप्रेक्ष्य में है। काडवेल, प्लाखानोव आदि मार्क्सवादी साहित्य चिंतक साहित्य के मूल्यांकन की कसौटी ऐतिहासिक भौतिकवाद ही मानते हैं। इसके अनुसार यह कतई आवश्यक नहीं है कि सामन्तकालीन साहित्य से पूंजीवादी साहित्य उत्तम ही हो।

कालिदास के साहित्य का भारत भारतीय इतिहास का स्वर्णकाल था। कालिदास के साहित्य में भारत का ऐश्वर्यमय रूप पूरी निष्ठा के साथ परिलक्षित होता है। कालिदास अपने युग की सामन्तीय सभ्यता का खुला चित्रण करते हैं। कोई ऐतिहासिक भौतिकवाद के विरुद्ध जा कर कालिदास के साहित्य पर ऐहिकता और अश्लीलता का आरोप लगाए तो लगाता रहे। क्या तुलसीदास की रामचरित मानस, सामती युग की रचना होते हुए भी अपनी प्रगतिशीलता में नव्य पूँजीवादी काल की किसी साहित्यिक कृति से कम करके आँकी जा सकती है।

फ्रेडरिक एंगेल्स कहते हैं—'इतिहास की हमारी धारणा सर्वोपरि अध्ययन का पथ निर्देशक है। हेगेलीय ढंग से रचना करने का उत्तोलक नहीं।'' अर्थात मार्क्सवाद कोई नपना गिलास नहीं है कि जो इसमें फिट हो गया वह मार्क्सवादी और नहीं तो बुर्जुआ। कार्लमार्क्स का कहना है कि ''कला के कतिपय रूपों उदाहरण के लिए महाकाव्यों का उनके विश्व का इतिहास में युग निर्माणकारी क्लासिकीय रूप में उसके बाद फिर कभी सृजन नहीं हो सकता। जब कलात्मक सृजन आरम्भ हो चुका होता है। दूसरे शब्दों में स्वयं कला के क्षेत्र में उसके कुछ एक महत्वपूर्ण रूप विकास की केवल निचली मंजिल में ही सम्भव है।'' उदाहरण के लिये कार्लमार्क्स के चहेते साहित्यकार द्वय फ्रांस के बाल्जाक और इंग्लैण्ड के शेक्सपियर को ही लें तो बाल्जाक और शेक्सपियर के साहित्य में अपने युग का सत्य

अपनी सम्पूर्ण निष्ठा के साथ व्यक्त होता है। मार्क्स कहते हैं कि बालिग फिर से बच्चा नहीं बन सकता वरना उसमें बचपना आ जाता है परन्तु क्या बच्चे का भोलापन आनन्द नहीं प्रदान करता ? क्या प्रत्येक युग में बच्चे के स्वभाव में उस युग का स्वरूप अपनी नैसर्गिक सत्यपरकता में पुनः सजीव नहीं होता ? फिर मानव जाति का ऐतिहासिक बाल्यकाल जहाँ उसने अपना सबसे सुन्दर रूप प्राप्त किया हमें क्यों न शाश्वत लालित्य प्रदान करे कि उस मंजिल की फिर कभी पुनरावृति नहीं होगी।

मार्क्सवादी साहित्य चिन्तन को स्थापित करने में जिन विचारकों का प्रमुख स्थान है उन्हें हम दो-वर्गों में रख सकते हैं प्रथम वे जो मूलत राजनीतिक विचारक रहे हैं लेकिन मार्क्सवादी साहित्य चिन्तन को भी नई दिशा दी है दूसरे वे जो मूलतः साहित्य चिन्तक रहे हैं।

मार्क्स और एंगेलस मार्क्सवादी साहित्य चिन्तन के पुरोधा थे। मार्क्स को समकालीन साहित्यिक, कृतियों के अलावा पूर्ववर्ती साहित्य का भी अच्छा ज्ञान था। समकालीन लेखकों से मार्क्स का जो पत्र व्यवहार था उसमें हम मार्क्स के साहित्यिक विचार को स्पष्ट देख सकते हैं। बाल्जाक जौर शेक्सपियर मार्क्स के प्रिय साहित्यकार थे।

लेनिन ने मार्क्सवादी दर्शन को व्यावहारिक रूप प्रदान किया था। मूलतः राजनीतिक चिन्तक होते हुए भी लेनिन साहित्य एवं कला के मर्म से भली-भाँति परिचित थे। मार्क्सवाद के द्वन्द्वात्मक एवं ऐतिहासिक भौतिकवादी स्वरूप के कारण उन्होंने महान रूसी लेखक तोलसतोय की भूरि-भूरी प्रशंसा की है। लेनिन के सामने प्रमुख समस्या क्रान्ति पश्चात रूस को सही दिशा निर्देश करने की थी और इस उद्देश्य की पूर्ति में वे साहित्य की भी एक भूमिका मानते थे। लेनिन साहित्य को महान् समाजवादी क्रान्ति के आदर्शों के अनुरूप विकसित करने के आकांक्षी थे।

लेनिन के पश्चात् सत्ता-संघर्ष में स्तालिन के प्रमुख प्रतिद्वन्दी लियो ट्राटस्की ने साहित्य पर गम्भीरता से विचार किया है। कला के सामान्य चरित्र के बारे में ट्राटस्की का कहना है—"वस्तुनिष्ठ ऐतिहासिक प्रक्रिया के दृष्टिकोण से विचार करने पर साहित्य न केवल एक सामाजिक अनुचर वरन ऐतिहासिक दृष्टि से उपयोगितावादी है।"

माओत्से-तुंग का साहित्य-चिन्तन हमें 1942 में येनान प्रान्त में सम्पन्न हुई एक परिचर्चा के माध्यम से प्राप्त होता है। माओ द्वारा येनान गोष्ठी में दिए गए साहित्य सम्बन्धी भाषण में व्यक्त किए गए विचार साहित्य सिद्धान्त रूप में

चीन में आज भी मान्य हैं। साहित्य के लक्ष्य के विषय में माओत्से-तुंग का कहना है कि "साहित्य का मुख्य लक्ष्य जनता है और वह जनता के प्रति ही समर्पित है। जनता के अन्तर्गत माओ ने प्रथम मजदूरों दूसरे किसानों तीसरे सैनिकों तथा चौथे नम्बर पर टुटपुँजिया बुर्जुआ तथा बुद्धिजीवियों को रखा है। माओ ने साहित्य का स्त्रोत जन जीवन माना है।"

मैक्सिम गोर्की मार्क्सवादी साहित्य चिन्तन के सर्वोच्च प्रतिमान समाजवादी यथार्थवाद के प्रवर्तक थे। उन्होंने सर्वप्रथम समाजवादी यथार्थवाद की विवेचना की। मैक्सिम गोर्की के अनुसार साहित्य सर्जना की कला जिसका सम्बन्ध सामान्य तथा प्रतिनिधि चरित्रों के निर्माण से है, कल्पना तथा अविष्कार की अपेक्षा रखती है। लेखक बनने के इच्छुक व्यक्तियों के लिए गोर्की ने अपने साहित्य के इतिहास से भली भाँति परिचित होना आवश्यक माना है।[3] कल्पना (Imagination) को गोर्की बिम्बों में चिन्तन करने की क्रिया मानते हैं।[4] यथार्थवाद उनके अनुसार 'लोगों तथा उनकी जीवनस्थितियों का सत्य तथा यथातथ्य प्रस्तुतीकरण है।"[5]

'व्यक्तित्व का विघटन' (The disintegration of personality) शीर्षक निबन्ध में गोर्की ने व्यक्तिवाद की घोर निन्दा की है। गोर्की कहते हैं कि "साहित्य का दायित्व है कि वह मानव श्रम के उस संसार को जो अब क्रान्ति के द्वार पर आ पहुँचा है, सहायता प्रदान करे। जितनी जल्दी ये सहायता उसे मिलेगी, विद्रोह में उठा हुआ व्यक्ति शक्ति प्राप्त करेगा तथा लड़खड़ाता हुआ व्यक्ति सदा के लिए धराशायी हो जायेगा।"[6]

क्रिस्टोफर काडवेल ने अपनी कृति 'भ्रम और वास्तविकता (Illusion and Reality) में कविता के स्रोतों का उल्लेख किया है। कविता के उद्भव की विवेचना करते हुए काड़वेल ने उसे 'साधारण वाणी का सुधरा हुआ रूप (Heightened form of ordianary speech) कहा है।'

पूँजीवादी अर्थ व्यवस्था के अन्तर्गत मनुष्य और मनुष्य के बीच इस प्रकार के प्रत्यक्ष दबावजन्य सम्बन्धों का अभाव होता है। जिस प्रकार के सम्बन्ध दास और उनके स्वामी, तथा बड़े स्वामी के बीच सामन्तवादी व्यवस्था में अनिवार्यतः होते हैं। लेकिन पूँजीवादी व्यवस्था में प्रत्येक व्यक्ति स्वतंत्र बाजार के लिए स्वतंत्र उत्पादन करता है तथा स्वतंत्र बाजार से अपने लिए सामग्री भी स्वतंत्र रूप से खरीदता है। फलतः व्यक्ति स्वतंत्र रूप से अपनी उत्पादित वस्तुएँ तथा श्रम शक्ति अधिक से अधिक दाम पर बेचते हैं। एक खुले बाजार में बिना किसी बाधा के पहुँच सकने की सुविधा ही पूँजीवादी व्यवस्था की तथाकथित 'स्वतंत्रता' है। काडवेल के अनुसार "इसकी असलियत स्वतंत्र व्यापार एवं अधिक से

अधिक मुनाफाखोरी है। पूँजीवादी व्यवस्था में जो नियति बुर्जुर्वा वर्ग की है वही नियति एक कवि की भी है। दुःख से दयनीय और और अनन्तः अनैतिक हो उठना ही उसका एक मात्र सत्य है।"[7]

राल्फ फाक्स के अध्ययन, चिन्तन की मुख्य विधा उपन्यास रहीं है। उनके अनुसार 'उपन्यास हमारी सभ्यता की महान लोक कला है।'[8] सत्ता चेतना का निर्धारण करती है' (Being determines the Consciosness)

मार्क्सवाद के इस सिद्धान्त को मद्देनजर रखते हुए राल्फ-फाक्स चाहते है कि अनिवार्यतः यह उपपत्ति रचनाकार के कलात्मक सृजन का आधार बने, कारण की सम्पूर्ण कल्पनाशील सृजन उस वस्तु मात्र का ही प्रतिबिम्ब है जिसमें की रचनाकार निवास करता है। यह काल्पनिक सृष्टि और कुछ नहीं वस्तु जगत के साथ उसके सम्वर्क तथा संसार की वस्तुओं के प्रति उसके प्रेम या घृणा का ही परिणाम है।[9] राल्फ फाक्स के अनुसार सृजन प्रक्रिया का सार और कुछ नहीं, वाह्य यथार्थ और सृष्टिकर्ता के बीच चलने वाला संघर्ष ही, राल्फ-फाक्स के अनुसार 'उपन्यासकार व्यक्ति के भाग्य से सम्बन्धित अपनी कहानी तब तक नहीं लिख सकता जब तक की वह एक समग्र और सुस्थिर दृष्टिकोण न रखता हो। उसे इस तथ्य की अनिवार्यतः जानकारी होनी चाहिए कि किस प्रकार उसके अपने चरित्रों के व्यक्तिगत द्वन्द्व के उसका अन्तिम निष्कर्ष सामने आता है।

प्रसिद्ध मार्क्सवादी साहित्य चिंतक हावर्ड फास्ट ने अपने साहित्य चिंतन में साहित्यिक कृतियों में प्रतिबिम्बत और चित्रित किये जाने वाले यथार्थ के अध्ययन और विश्लेषण को काफी महत्व प्रदान दिया है। यथार्थता उनके विचार से सत्य की, ऐतिहासिक दृष्टि से सापेक्ष समझ है। लेखन में सत्य परकता की कला समीक्षा का सर्वोच्च प्रतिमान मानते हुए जिन्होंने उसे सदैव यथार्थ के प्रति रचनाकर के सम्बन्धों पर निर्भर होना स्वीजार किया है जो उसे सामाजिक शक्तियों की गहरी छान-बीन के लिए उत्प्रेरित करती है, उसके अन्तर्गत वह धीरे-धीरे एक असन्तोष को जन्म देती है जो किसी भी समय में एक ज्वाला के रूप में भड़क सकता है। यथार्थ के प्रति निष्ठा और उसे पहचानने तथा पकड़ पाने की ललक रचनाकार को पक्षधर भी बनाती है, उसे इस ओर और उस ओर विवशतः जुड़ना ही पड़ता है। समग्रतः यथार्थ के प्रति जिज्ञासु रचनाकर के पथ को हावर्ड फास्ट खतरनाक पथ मानते हैं। परन्तु यदि रचनाकार साहित्य के प्रति पूरी निष्ठा से समर्पित है तो उसे यह रास्ता अपनाना ही पड़ता है। इसका कारण यह है कि जीवन से अलगाव साहित्य को भ्रष्ट कर देता है। साहित्य की सम्पन्नता रचनाकार के सच्चाई को पहचानने की क्षमता की सूक्ष्मता से है।

हावर्ड फास्ट के अनुसार साहित्य की चरितार्थता उसकी संप्रेषणीयता में है। यथार्थवाद साहित्य के अन्तर्गत वस्तु तत्व तथा रूपतत्व की सापेक्षिक स्थिति की चर्चा करते हुए हावर्ड फास्ट ने वस्तु तत्व की प्रमुखता का प्रतिपादन किया है। उनका विचार है कि वस्तु तत्व के खेखले न की शिल्प के सजाव द्वारा ढँकने जा परिणाम अन्ततः साहित्य के रूप की क्षति में ही स्पष्ट होता है। हावर्ड फास्ट ने यथार्थवादी साहित्य की सार्थकता उसके उच्च नैतिक आधार में भी देखी है। सामान्यतः हावर्ड फास्ट के साहित्य चिंतन का सारा जोर साहित्य और जीवन, साहित्य ओर यथार्थ तथा साहित्य और जन सामान्य के बीच घनिष्ट सम्बन्धों का प्रतिपादन है।

सन्दर्भ

1. Karl Marx and F. Angels (Literature and Art). Is is not Conciousness of men that determines their being but on the Contrary, Their social being that determines their Consciousness.
2. कार्ल माक्स–"राजनीतिक अर्थ शास्त्र की आलोचना"
3. Maxim Gorky—"on Literature".
4. Imagination is in its essence, also a mode of thinking about the world, but thinking in terms of images—Ibid, page 30.
5. Ibid page 32.
6. Ibid, Page No. 117-
7. But both capitalist and poet become darker figures first tragic, then pitifull and finally vicions—Ibid page No. 59.
8. The Novel and poet.
9. Ibid page 69.

यथार्थवाद

उन्नीसवीं शताब्दी के उत्तरार्द्ध में जब यूरोप में दर्शन, विज्ञान तथा औद्योगिक क्रान्तियों का सिलसिला चल रहा था जीवन तथा कला को सर्वांग दृष्टि से देखा जाने लगा था साहित्य में एक नये दृष्टिकोण का जन्म हुआ जिसे यथार्थ-वाद के नाम से अविहित किया गया बावजूद इसके कि इससे पूर्व भी और यहाँ तक कि मानव सध्यता के दिव्यूषाकाल में भी साहित्य में यथार्थ की प्रवृत्तियाँ मौजूद थीं और मानव सभ्यता के क्रमिक विकास के साथ रचनाकारों में यथार्थ के प्रति स्वाभाविक आकर्षण एवं उसका विकास भी होता गया। अंग्रेजी के नाटक-कार शेक्सपियर, फ्रांसीसी वाल्जाक तथा सरवेन्तीज आदि की कृतियों में अपने समय का यथार्थबोध काफी सशक्त रूप में अभिव्यक्त हुआ है। सबसे बड़ी बात तो यह है कि अब यथार्थ मानव जीवन का वहिरंग ही नहीं अन्तरंग भी बन गया था। उन्नीसवीं शताब्दी के ढ़लते-ढ़लते यथार्थवाद एक सशक्त वैज्ञानिक दर्शन के रूप में प्रतिण्ठापित हो रहा था।

पाश्चात्य जगत में यथार्थ दो स्तरों दार्शनिक तथा साहित्य-चिंतन पर आधा-रित था लेकिन दोनों के ही केन्द्र में इच्छा-अनिच्छा से परे एक 'वस्तुगत अस्तित्व' को मान्यता दी गयी थी। साहित्य का सम्बन्ध भी इस बाह्य जगत और उसके नाना रूप-व्यापारों से परे नहीं है। खासकर साहित्य का एक लम्बा और सम्पन्न इतिहास है और इस विकास क्रम में यथार्थवादी दर्शन एवं चिंतन को लेकर समय-समय पर अनेक नयी मान्यताएँ सामने आई हैं।

आर्न्स्टफिशर के अनुसार कला-साहित्य के क्षेत्र में यथार्थ सम्बन्धी धारणा दुर्भाग्यवश बहुत लचीली और अस्पष्ट है। जिसमें यथार्थ को कभी-कभी एक दृष्टिकोण के रूप में व्याख्यायित किया जाता है तो कभी-कभी एक शैली या पद्धति के रूप में। बहुधा इनके मध्य की विभाजक रेखा बहुत साफ नहीं दिखाई पड़ती। यदि हम वस्तुपरक यथार्थ को ही वास्तविक मानें। वस्तुपरकता में स्थित यथार्थ को वास्तविक मानने तथा साहित्य में इसे स्थानापन्न मानने पर इसका ध्यान रखना अति आवश्यक है कि कहीं हम इस यथार्थ को बाह्य जगत के यथार्थ तक ही सीमित तो नहीं कर रहे। हमारी चेतना से अलग जड़ पदार्थ (Matter) का अस्तित्व है। किन्तु यथार्थ के अन्तर्गत मानव-अनुभूत अनेक अर्न्तक्रियायें भी

सम्मिलित हैं। अतः यथार्थ को चित्रण की एक विशिष्ट पद्धति के रूप में स्वीकार करना ही अधिक व्यावहारिक है।[1]

उन्नीसवीं शताब्दी में विज्ञान के क्षेत्र में क्रांतिकारी प्रगति हुई। वैज्ञानिक क्षेत्र में हुई नयी खोजों में से सर्वाधिक क्रान्तिकारी स्थापना के रूप में डार्विन के विकासवाद को रखा जा सकता है। जिसने वैज्ञानिक जगत में क्रान्ति पैदा कर दी और मनुष्य सम्बंधी पुरानी रोमानी मान्यताओं को ध्वस्त कर दिया। डार्विन के इस सिद्धान्त के अनुसार मनुष्य का विकास वस्तुतः जानवरों के विकास की ही अन्तिम परिणति है। इस मान्यता के कारण मानव के सम्बन्ध में एक नये दृष्टि-कौण का विकास हुआ। इस नये दृष्टिकोण के फलस्वरूप भावुक-आदर्शवादी विचारधारा द्वारा अनुप्रेरित स्वच्छंदतावादी चेतना की लोकप्रियता को कम करके यथार्थवाद को वास्तविक शक्तिप्रदान करना सम्भव हुआ।

डार्विन के इस सिद्धान्त का प्रभाव तात्कालिक बुद्धिजीवियों पर किस हद तक पड़ा था इसका उदाहरण प्रसिद्ध फ्रेंच विचारक सेंट ब्यूव (Saint Bueve) है। सेंट ब्यूव ने जीव वैज्ञानिक आधार पर अपनी यह साहित्यिक मान्यता प्रतिपादित की कि 'जैसा वृक्ष होगा वैसा ही फल होगा' अर्थात 'साहित्यकार, एक व्यक्ति के रूप में जैसा होगा वैसा ही उसका साहित्य भी होगा।' इस मान्यता के आधार पर ही उसके यथार्थ सम्बन्धी विचार आधारित हैं।

मैथ्यू आर्नल्ड (Mathew Arnold) को साहित्य सम्बन्धी यह व्याख्या कि 'साहित्य जीवन की व्याख्या है' पूरे विश्व में प्रसिद्ध है। साहित्य सम्बंधी यथार्थ-वादी मान्यताओं के संदर्भ में आनर्ल्ड को इस व्याख्या का महत्व यह है कि इसमें आनर्ल्ड के सामाजिक चिंतन को गहराई तथा साहित्य और जोवन के प्रति उसकी निष्ठा दिखलाई पड़ती हैं। आनर्ल्ड ने कहा कि रचनाकार समाज से जुड़ कर तथा समाज के प्रति अपने दायित्वों का निर्वाह करके ही समाज द्वारा सम्मान प्राप्त कर सकते हैं समूचे युग में, आदर्शों और मूल्यों के धरातल पर जो कुछ भी महत्वपूर्ण, उदात्त, श्रेष्ठ तथा मनुष्य के मंगल के लिए है उसे पहचानने तथा उसे रचना के रूप में प्रस्तुत करके ही साहित्यकार श्रेष्ठता हासिल करता है तथा ऐसी रचना हो युग तथा समाज को उन्नत बनाती है तथा समाज द्वारा आदर के साथ देखी जा सकती है।

रूस के क्रांतिकारी-प्रजातंत्रवादियों के साहित्य चिंतन में भी यथार्थवादी दृष्टिकोण दिखलाई पड़ता है। इन साहित्य चिंतकों में वेलिन्स्की, चेर्निशवस्की, हर्जन तथा दोब्रोल्युबोव आदि प्रमुख हैं।

---

१. आर्न्स्ट फिशर; 'दि नेसेसिटी आफ आर्ट'

बेलिन्स्की कार्लमार्क्स का पूर्ववर्ती था। हेगेल के भाववाद से प्रभावित होने के बावजूद इसकी क्रान्तिकारी चेतना नवीनता लिए हुए थी। कालान्तर में बेलिन्स्को हेगेलीय भाववाद से न सिर्फ मुक्त हुआ बल्कि उसने हेगेलीय भाववाद की कठोर आलोचना भी की। बेलेन्स्की को अपने क्रांतिकारी चिंतन तथा ज़ार विरोधी भावनाओं के कारण ज़ार की निरंकुशता का भी सामना करना पड़ा परन्तु ज़ार का दमन उसे झुका न सका और वह ज़ार सामंतवाद तथा दास प्रथा के विरुद्ध जीवन पर्यन्त लिखता रहा।

बेलेन्स्की के साहित्य चिंतन में जीवन तथा यथार्थ के प्रति गहरी निष्ठा परिलक्षित होती है। बेलेन्स्की के अनुसार 'यदि कोई कलाकृति केवल चित्रण के लिए ही जीवन का चित्रण करती है, यदि उसमें वह आत्मगत शक्तिशाली प्रेरणा नहीं है जो युग में व्याप्त भावना से निःसृत होती है यदि वह पीड़ित हृदय से निकली कराह या चरम उल्लसित हृदय से फूटा गीत नहीं, यदि वह कोई सवाल या किसी सवाल का जवाब नहीं, तो वह निर्जीव है।'[1] बेलेन्स्की एक ऐसी कला के हिमायती हैं जो लोकजीवन से गहराई के साथ जुड़ी हो, जिसमें सामान्यजन की आशाएँ-आकांक्षाएँ मूर्त हों तथा जो वर्ग विशेष या राष्ट्र विशेष के लिए न होकर सार्वजनीन हो। "बेलिन्स्की जन्म के शतवार्षिक समारोह में एस० एम० किरोव द्वारा सन् १९११ में व्यक्त किये गए ये विचार निश्चित रूप से बेलिन्स्की के अपने क्रांतिकारी व्यक्तित्व के सर्वथा अनुरूप हैं—'वह अपने चारों ओर की 'घृणास्पद वास्तविकता' के प्रति विद्रोह के मूर्तरूप थे और अपनी प्रतिभा की समूची महानता से सत्य की खोज में जुटे थे।.....सत्य की खोज में वे पूरे उत्साह से, पूरी लगन और वीरता से कूद पड़े और उनकी सशक्त आवाज उस अन्धकार-मय युग में तूर्यनाद के समान गूँज उठी और सभी श्रेष्ठतम तथा जीवंत शक्तियों को अपने चारों ओर एकत्रित कर लिया।"[2]

जहाँ बेलेन्स्की प्रारम्भ में हेगेलीय भाववाद से प्रभावित रहे वही चेर्निशवस्की प्रारम्भ से ही हेगेलीय भाववाद से मुक्त रहे। चेर्निशवस्की पर फायरबारव के दर्शन का प्रभाव पड़ा था। जार्ज लुकाच के कथनानुसार—'फायरबाख के भौतिकवादी चिंतन से प्रभावित होते हुए भी जहाँ तक इतिहास समाज, दर्शन तथा समाज की आलोचना का प्रश्न है, चेर्निशवस्की फायरबाख की सीमाओं का अतिक्रमण कर जाते हैं। यह सही है कि नये क्रांतिकारी बिंदुओं की तलाश के

---

१. उद्बोधन, दर्शन, साहित्य और आलोचना, अनु० नरोत्तम नागर

२. यथार्थवाद, शिवकुमार मिश्र, पृ० ३८

क्रम में, तौर-तरीकों की भूमिका पर चेर्निशवस्की असंगतियों तथा अन्तर्विरोधों से भी ग्रस्त हुए हैं किन्तु समग्रतः ये अन्तर्विरोध इसी कारण लाभदायक भी सिद्ध हुए हैं कि उन्होंने भविष्य की कुछ महत्वपूर्ण दिशाओं की ओर संकेत किया है।"[१]

अपने भौतिकवादी चिंतन के आधार पर कहा जाता है कि चेर्निशवस्की ने मार्क्स और एंगेल्स के क्रांतिकारी प्रस्थान बिंदुओं को उजागर किया। फिर भी मार्क्स-एंगेल्स के अनुयायी नहीं होते हुए भी उन्होंने यांत्रिक भौतिकवाद तथा भाववाद पर चोट करते हुए इतिहास और जीवन के प्रति एक प्रगतिशील रुख अपनाया था। 'चेर्निशवस्की के क्रांतिकारी विचारों ने अपने समय के जन समाज को, किसान वर्ग को, दासता से मुक्ति के लिए छेड़े गये उनके क्रांतिकारी अभियान में अपना महत्वपूर्ण योगदान किया है। चेर्निशवस्की ने जीवन भर असत्य तथा अन्याय के विरुद्ध संघर्ष किया! चिंतन के क्षेत्र के अलावा जारशाही के विरुद्ध समाज में भी वे क्रांति की अगुआई करते रहे। जार के क्रोध-भाजन बन बंदी बनाये गए और अंततः साइबेरिया में निर्वासित भी किये गए। अपने साइबेरिया प्रवास के समय ही उन्होंने 'क्यों करें' (What is to be done) नामक अपना प्रसिद्ध उपन्यास लिखा जिसके बारे में प्रसिद्ध है कि इस उपन्यास ने रुस की कई पीढ़ियों के क्रांतिकारियों को दीक्षित करने में एक पाठ्य-पुस्तक का काम किया। सोवियत संघ के युग पुरुष लेनिन की पत्नी श्रीमती क्रुप्सकाया ने लेनिन के विषय में अपने संसमरणों में चेर्निशवस्की के ज्ञान एवं व्यक्तित्व का आदर पूर्वक स्मरण किया है। चेर्निशवस्की के इस उपन्यास पर अपनी प्रतिक्रिया व्यक्त करते हुए लेनिन ने कहा कि 'यह वह उपन्यास है जिसने हजारों नवयुवकों को क्रांति में दीक्षित किया है। इसने न केवल मेरे भाई को वरन मुझे भी क्रांति की प्रेरणा दी है। मार्क्स, एंगेल्स तथा प्लाखानोव के कृतित्व से परिचित होने के पूर्व मेरे ऊपर सिर्फ चेर्निशवस्की के कृतित्व का ही जादू छाया हुआ था, और इसकी शुरुआत इस उपन्यास को पढ़कर ही हुई।[२]

वास्तविकता के सम्बंध में चेर्निशवस्की की धारणा थी कि 'केवल वे आकांक्षाएँ ही वास्तव में महत्वपूर्ण हैं जो वास्तविकवा पर आधारित होती हैं। केवल वे आकांक्षाएँ ही फलवती होती हैं जिन्हें वास्तविकता जन्म देती है और केवल

---

१. 'Studies in European Realism' Pase 102

२. 'On art and Literature' V. I. Lanin, Progress Publishers Moscow; page 239

तभी जब उनकी पूर्ति के लिए उन शक्तियों और परिस्थितियों का सहारा लिया जाता है जिन्हें वास्तविकता प्रस्तुत करती है।[1]

'चेर्निशवस्की का कला चिंतन यथार्थवादी साहित्य चिंतन में एक नया और विशिष्ट अध्याय जोड़ता है। मार्क्सवादी साहित्य चिंतन के अतिरिक्त किसी अन्य विचारक के कला चिंतन में भौतिकवादी जीवन-दर्शन की इतनी केंद्रीयता हमें नहीं मिलती जैसी कि चेर्निशवस्की का कला-चिंतन प्रस्तुत करता है।[2]

यथार्थवादी साहित्य चिंतन के ये कुछ प्रमुख पुरस्कर्ता हैं, कला चिंतन के क्षेत्र में जिनकी सर्वोच्च उपलब्धि इस तथ्य में देखी जा सकती है कि उन्होंने न केवल मानव-जीवन के बीच घनिष्ट तथा वैज्ञानिक आधार पर टिके संबंधों का प्रतिपादन किया, सामाजिक जीवन के संस्कार तथा परिष्कार में जला तथा साहित्य की महती भूमिकाओं को स्वीकृति दी। भाववादी दृष्टि के प्रभाव को कम करते हुए इन्होंने साहित्य एवं कला संबंधी एक यथार्थपरक भौतिक समझ को भी विकसित किया और लोगों को इस बात में मदद दी कि वे साहित्य एवं कलाओं के आस्वाद से ही परिचित न हों बल्कि उन्हें कर्म पथ का प्रदर्शक भी बना सकें। ये विचारक अपने समय के सामाजिक जीवन के प्रति तो जागरूक थे ही उन्होंने अपने युग अपने समय के समाज को भी उसके प्रति जागरूक किया। कला की चरितार्थता लोक-जीवन के साथ उसकी गहन संम्पृक्ति में मानना, उसे मनुष्य और मनुष्य के बीच संवाद एवं संश्लेष का माध्यम कहना, उसे मनुष्यता के ऊँचे मूल्यों का स्रष्टा और संरक्षक बताना आदि कुछ ऐसी बाते हैं जो यथार्थवादी साहित्य चिंतन के इन पुरस्कर्ताओं को आने वाले युगों के लिये भी सामान्य बनाती हैं। इन अर्थों में रुस के क्रांतिकारी प्रजातंत्रवादियों का विशेष महत्व है। जिन्होंने आगे के अधिक प्रखर तथा वैज्ञानिक कला चिंतन के लिए जमीन तैयार की। साहित्य एवं कलाओं को भाववादी व्याख्या के अंतर्गत मानवीय तथा लौकिक जीवन से विछिन्न करने के जो प्रयास हो रहे थे, जिस प्रकार उन्हें दिव्य और अलौकिक भूमिकाओं से जोड़ा जा रहा था एक ओर इस प्रकार के प्रयासों को, दूसरी ओर उन्हें मात्र सुविधा भोगी वर्गों के विलास और मन बहलाव का साधन मानकर, क्रमशः ह्रासशील भूमिकाओं की ओर ले जाने वाले संगठित उपक्रमों को, पूरी ताकत के साथ आघात पहुँचाने और उन्हें अनेक सही संदर्भों में मजबूती के साथ प्रतिष्ठित करने में यथार्थवादी साहित्य चिंतन का योग अविस्मरणीय माना जाएगा।

---

१. दर्शन, साहित्य और आलोचना, अनु० नरोत्तम नागर पृ० १५६

२. यथार्थवाद; शिवकुमार मिश्र, पृ० ४७

३. वही पृ० ५८

यथार्थवाद : मार्क्सवादी आधार

मार्क्सवाद समाज को समझने, उसे बदलने तथा सामाजिक बदलाव को निर्देशित करने वाला एक क्रांतिकारी विचार-दर्शन है। मार्क्सवादी दर्शन भौतिकवादी चिंतन की सर्वाधिक समर्थ वैज्ञानिक उपलब्धि है। मार्क्सवाद के व्याख्याताओं ने अपने दर्शन को प्रगतिशील और वैज्ञानिक दर्शन की संज्ञा दी है। जिसके अनुसार मार्क्सवादी दर्शन के माध्यम से संसार को उसके वस्तुगत रूप में स्वीकारा गया है। मार्क्सवादी दर्शन शाश्वत सत्य जैसी रहस्यमय बातों के उद्‌घाटन में न जाकर इस जीवन द्वारा उपस्थित किये गये प्रश्नों के प्रति एक निश्चित और वैज्ञानिक दृष्टिकोण अपनाने का आग्रह करता है।

मार्क्सवाद के जनक कार्ल मार्क्स, एंगेल्स, लेनिन वस्तुतः साहित्यिक विचारक नहीं थे बल्कि वे दार्शनिक अर्थशास्त्र एवं राजनीति के पंडित थे लेकिन समय-समय पर प्रसंगवश उन्होंने कला तथा साहित्य पर भी अपनी मौलिक टिप्पणियाँ की हैं जिस पर कालान्तर में मार्क्सवादी साहित्य चिंतन का भव्य प्रासाद खड़ा हुआ (देखें पहला निबंध 'मार्क्सवादी साहित्य चिंतन) सार्क्सवादी साहित्य चिंतन में यथार्थ कौ विशिष्ट स्थान प्राप्त है। यहाँ हम मार्क्सवादी साहित्य चिंतकों के यथार्थ संबंधी संक्षिप्त विचार प्रस्तुत करेंगे।

जार्ज लुकाच के अनुसार यथार्थ के सत्य चित्रण को जितनी प्रसुखता मार्क्सवादी चिंतन में प्राप्त है उतनी किसी भी स्वतंत्र साहित्य एवं कला चिंतन में नहीं प्राप्त है। मार्क्सवादी रचनाकार के लिए जीवन कोई टुकड़ों में बंटी वस्तु नहीं बल्कि जीवन अपने में एक ऐसी समग्र इयत्ता है जिसमें जीवन, समाज और मनुष्य अपनी सम्पूर्णता में अभिव्यक्त होते हैं। जहाँ सत्य अपनी समग्रता तथा संपूर्णता के साथ क्रांतिकारी विकास-स्थितियों में प्रस्तुत होता है। यही मार्क्सवादी साहित्य-चिंतन के यथार्थपरक चरित्र की केन्द्रीय विशेषता है। साहित्यकार को इसके लिए अपनी सम्पूर्ण सजगता तथा सक्रियता के साथ जीवन तथा समाज के मध्य से गुजरना होता है। मार्क्सवाद के अनुसार यथार्थ कोई तैयार माल नहीं होता जो गोदाम में भरा इस बात की राह देख रहा हो कि कोई भी खरीददार लेखक आये और इसे खरीद कर ले जाय और अपने लेखन में इसका मनमाना उपयोग करे। न तो यथार्थ कोई बना बनाया नुस्खा ही है कि जी चाहे उसे कागज पर उतार कर अपनाने लगे। 'सामाजिक यथार्थ उस ज्वलंत वास्तविकता का नाम है जो नाना रूपों और रंगों में कहीं साफ, सीधी और कहीं बेहतर उलझी, हमारे चारों ओर के विराट प्रसार में हमारी समूची ज्ञानेन्द्रियों तथा इन्द्रिय बोध को बुद्धिप्राण जीव के रूप में हमारी सारी भावात्मक और विचारात्मक सत्ता को

चुनौती देती हुई, हमारी अपनी इच्छा और खुशी-नाखुशी से स्वतंत्र, निर्बाध फैली हुई है।'[1]

'अपनी द्वंद्वात्मक तथा वैज्ञानिक समझ के अनुसार अपने निष्कर्ष प्रस्तुत करते हुए मार्क्सवादी साहित्य चिंतकों का मत है कि साहित्य अथवा कला में चित्रित वस्तुगत यथार्थ का यह रूप इसी कारण जीवन के प्रकृत यथार्थ की तुलना में अधिक कलात्मक तथा ग्राह्य होता है कि उसमें प्रकृत यथार्थ की अपेक्षा एक सच्चे-दृष्टि का योग, एक व्यवस्था एक सौंदर्यपरक नियोजना होती है। बाह्य यथार्थ और उसकी सम्पूर्ण वस्तुगत सत्ता मार्क्सवादी रचनाकार के लिए एक ऐसे कच्चे माल की तरह है जिसे अपनी कृति के अन्तर्गत वह एक बिखरा हुआ रूप देता है और इसके लिए उसे वस्तुगत यथार्थ की इस सम्पूर्ण राशि के बीच, सत्य के बीच, सत्य के प्रति निष्ठा बनाए रखते हुए, अपने जाग्रत विवेक भावबोध एवं ऐंद्रिय संवेदन के बल पर ऐसा चुनाव करना पड़ता है जो एक स्तर पर उस बाह्य यथार्थ के सत्य को उद्‌घाटित करे तथा दूसरे स्तर पर उसे मनुष्य के समक्ष, जिसके लिए उसकी कलाकृति है, उसकी सम्पूर्ण सौंदर्य सत्ता के साथ उसे प्रस्तुत करे जो राशि-राशि जीवन उसके चारों ओर बिखरा है उससे उसे परिचित कराए। यही नहीं वह उसे वस्तुगत यथार्थ की उन सम्भावनाओं का भी अहसास कराए जो परिवर्तन के एक जटिल और अन्तर्विरोधी क्रम से गुजरती हुई एक ऐसे गुणात्मक सत्य का रूप ग्रहण करने वाली है जिसमें वह स्वयं भी हिस्सेदार है। यदि ऐसा न होता तो इतने सजीव व संपन्न बाह्य यथार्थ के होते हुए भी मनुष्य साहित्य एवं कलाकृतियों की माँग क्यों करता? चूंकि वह इनकी माँग करता है इससे स्पष्ट है कि वह अपने परिवेश को अधिक व्यवस्थित और कलात्मक रूप में उसके द्वारा समझना चाहता है, उन सच्चाइयों को जानना चाहता है जो उसका अंग है।'[2]

यथार्थ के प्रति मार्क्सवादी दृष्टिकोण से परिचित होने के क्रम में 'समाजवादी यथार्थवाद' का जिक्र भी आवश्यक है। १९३४ में सम्पन्न हुई सोवियत लेखकों की प्रथम कांग्रेस में प्रसिद्ध सोवियत लेखक मक्सिम गोर्की ने 'समाजवादी यथार्थवाद' के नाम से एक नये यथार्थवादी कलांदोलन की नींव रखी। समाजवादी यथार्थवाद यथार्थवादी कलांदोलन के विकास की नव्यतम परिणति है। वस्तुतः 'समाजवादी यथार्थवाद' आलोचनात्मक यथार्थवाद की प्रतिक्रिया स्वरूप

---

१. यथार्थवाद, शिवकुमार मिश्र, पृ० ८४

२. वही पृ० ८४

पैदा हुआ। मार्क्सवादी साहित्य चिंतक इस आलोचनात्मक यथार्थवाद को बुर्जुआ यथार्थवाद (Bourgeoise Realism) के नाम से पुकारते हैं।

समाजवादी यथार्थवाद की मान्यता है कि लेखक समाज विकास की द्वंद्वात्मक भूमिका को अपनाकर ही यथार्थ चित्रण की ओर अग्रसर हों। 'उनकी दृष्टि में इतना पैनापन होना चाहिए कि समाज में चलने वाले विरोधी शक्तियों के संघर्ष को उसकी सही भूमिका और परिप्रेक्ष्य में देख सकें, उनकी मूल असंगतियों तथा उनके भीतर निहित अंतर्विरोधों को पहचान सकें अपने चिंतन की समस्त वस्तुओं के सार को तेजी तथा समझदारी से पकड़ सकें।'[१]

समाजवादी यथार्थवाद के लेखक की ऐतिहासिक समझ साफ होनी चाहिए। उसे मालूम होना चाहिए कि इतिहास का विकास पुराने को सुरक्षित रखने और उसे नष्ट होने से नहीं वरन नए द्वारा पुराने का स्थान ग्रहण करने से होता है, वर्ग संघर्ष को अस्वीकार करने से नहीं उसे चित्रित करने से, उसे उसकी सही परिणति पर पहुँचाने से होता है। इन लेखकों का कर्तव्य होना चाहिए कि वे समाज में होने वाले नये आर्थिक-सामाजिक रूप को देखें नई वर्ग शक्तियों का अध्ययन करें, पुरानों की तुलना में पुरानों के साथ उनका संघर्ष दिखाते हुए, नये व्यक्तियों तथा नये विचारों को प्रतिबिम्बित करें।'[२]

समाजवादी यथार्थवाद के व्याख्याताओं के अनुसार 'समाजवादी यथार्थवाद' लेखक को इस बात की पूरी छूट देता है कि वे अभिव्यक्ति के किसी भी माध्यम को अपनाएँ। वह लेखकों और कलाकारों को यह स्वातंत्र्य भी देता है कि वे शैलीगत भूमिका में भी नये-नये प्रयोग करें। 'समाजवादी यथार्थवाद' से अनुप्राणित कृतित्व अपने प्रभाव से व्यापक शिखरों का स्पर्श कर सके इसी बात को ध्यान में रखकर उसे अभिव्यक्ति के किसी जड़ नियमों में बाँधने की चेष्टा नहीं की गयी है। जिस बात को एक अनिवार्यता के रूप में प्रस्तुत किया गया है, वह दृष्टिकोणजन्य, इमानदारी आस्था तथा प्रमाणिकता है। कलात्मक परिष्कृति के साथ विचारधारा की परिष्कृति 'समाजवादी यथार्थवाद की केन्द्रीय माँग है, जो रक्त की तरह उसकी एक-एक शिरा में सारी जीवंतता के साथ निर्दोष रूप में प्रवाहित होनी चाहिए।[३]

---

१. उपन्यास और लोकजीवन, राल्फ फाक्स

२. China's new literature and art; Chou yang

३. यथार्थवाद, शिवकुमार मिश्र, पृ० १२५

यथार्थवाद के बारे में यह विवाद पहले से चला आ रहा है कि रचनाकार बाह्य जगत की ज्यों की त्यों नकल करता है अथवा उसकी पुनर्रचना करता है। जब कोई रचनाकार मात्र तथ्यों के आधार पर बाह्य जगत का हूबहू चित्रण करता है तो वह मात्र एक फोटोग्राफर होता है। उसकी कला मात्र दर्पण बन कर रह जाती है। वस्तुगत यथार्थ और साहित्य में चित्रित यथार्थ में अंतर होना चाहिए वरना उसके मात्र फोटोग्रेफिकल होकर रह जाने का खतरा है। अतः यथार्थ का अर्थ तफसील की सच्चाई का, आम परिस्थितियों में आम चरित्रों का सच्चाई भरा पुर्नसृजन है। साहित्य में यथार्थ को बाह्य उपलब्ध रूप में न देखकर उसे अतीत और आगत से जोड़कर उसकी समग्रता में ग्रहण करना और दर्शाना ही उचित है।

'यथार्थ को देखने की दृष्टि वस्तुओं को देख सकने की क्षमता पर नहीं बल्कि वस्तुओं के आपसी रिश्तों को बदलने की इच्छा पर निर्भर है। वह यथार्थ नहीं जो पराधीन और पराजित मनुष्य पर निरी शक्ति का वर्चस्व स्वीकार करता है....यथास्थिति ही यथार्थ नहीं है यह समझने के लिए हमें उन असंख्य भावनाओं विचारों और अनुभवों में से कुछ को जान लेना काफी है जिनसे वस्तु-परक ब्योरों में अभिव्यक्ति नहीं मिलती परन्तु जो अवश्य ही हम सब जानते हैं कि सत्य है। वे ही वस्तुस्थिति को बदलते हैं बशर्ते कि अभिव्यक्ति हों। वे न्याय के और समता के आदर्शों से उत्पन्न हैं—और उनकी अभिव्यक्ति कला का वह चरम उत्कर्ष है जहाँ कला सबसे कम होती है, परन्तु सबसे अधिक परिवर्तनकारी प्रभाव डालती है। मेरी समझ में वास्तविकता का परिचय देती हुई हर कला-कृति कला के बोझ से—और इसलिये पतनशीलता के बोझ से मुक्त नहीं हो सकती। मुक्त होने के लिए उसे इतिहास निर्माण में शामिल होना पड़ेगा—इतिहास निर्माण में अर्थात यथार्थ का ऐसा संसार रचने में जो वास्तविकता के वर्तमान संसार को चुनौती दे।''[1]

हिन्दी साहित्य चिंतन के क्षेत्र में १९३६ में हुए प्रगतिशील आन्दोलन की शुरुआत के बाद यथार्थवादी चिंतन के क्षेत्र में भी एक नयी परम्परा का प्रारम्भ हुआ। इसका प्रेरणास्त्रोत मार्क्सवादी साहित्य चिंतन था। हिन्दी के इन मार्क्स-वादी यथार्थ चिंतकों में मुख्य रूप से डा० रामविलास शर्मा, अमृत राय, चंद्रबली सिंह, शिवदान सिंह चौहान, मुक्तिबोध, डा० नामवर सिंह, डा० रघुवीर सहाय

१. 'यथार्थ यथा स्थिति नहीं' रघुवीर सहाय, वाणी प्रकाशन १९८४, पृ० १३६–१३७

तथा डा० रमेश कुंतल मेघ प्रमुख हैं। मार्क्सवादी यथार्थ चिंतन से प्रेरित इन साहित्य चिंतकों ने कला और साहित्य की मार्क्सवादी व्याख्या करते हुए हिन्दी यथार्थवादी चिंतन को एक नया आयाम दिया और इसका प्रतिफलन आधुनिक हिन्दी साहित्य में भी परिलक्षित होता है।

जन क्रान्ति चेतना और हिन्दी कविता

भारतीय कवियों में क्रान्ति चेतना पराधीन भारत में पर्याप्त रूप में विद्यमान थीं। परन्तु कांग्रेस के नरम दल एवं गरम दल में विभाजन के बाद इन कवियों की चेतना भी विभाजित हो गयी। वास्तव में असली क्राति चेना का उद्भव तो गुलाम भारत के किसान उत्पीड़न एवं फलस्वरूप उत्पन्न हुए किसान आंदोलनों से जुड़ी हुई थी। इस कृषि प्रधान देश जिसकी ९८% जनता गांवों में निवास करती थी किसान थे जो घोर दुर्वस्था निर्धनता एवं अपार दुःखों में जी रहे थे और बिना इनके सहयोग के किसी भी प्रकार की क्रान्ति सर्वथा असम्भव थी। कांग्रेस के शहरों में ही सीमित रहने के बावजूद इन किसानों ने विद्रोह की आवाज बुलन्द की थी और कई स्थानों पर किसानों ने भी अपने शोषण के खिलाफ आवाज उठाई थी। इन किसान आन्दोलनों से प्रभावित होकर हिन्दी के अनेक कवियों ने इनकी दयनीय अवस्थाओं को अपनी कविताओं में व्यक्त किया है।

बालमुकुन्द गुप्त ने किसानों की असहाय अवस्था को अपनी कविता में इस प्रकार से अभिव्यक्ति दी है :—

जिनके कारण सब सुख पावें, जिनका बोया सब जन खांए
हाय हाय उनके बालक नित, भूखों के मारे चिल्लाएँ।
काल सर्प की सी फुफकारें, लुएँ भयानक चलती हैं,
धरती की सातों परतें जिनमें लावा सी जलती हैं।
तभी खुले मैदानों में वे कठिन किसानी करते हैं,
जब अनाज उत्पन्न होय सब तब उठा ले जाय लगान

इस युग में मैथिलीशरण गुप्त, गया प्रसाद शुक्ल, ''सनेही'' तथा सियाराम शरण गुप्त के खण्ड काव्यों ''किसान'', ''कृषक'' ''क्रन्दन'' आदि का तो ताना-बाना ही किसान आन्दोलन से बना है।

इधर १९२० के आस-पास स्वतन्त्रता की भीख माँगने की जगह उसे शक्ति से छीनने की विचारधारा वाले नवयुवकों के गुप्तदल बनने लगे थे। इस विचारधारा के प्रवर्तकों ने गुप्त समितियाँ बनाकर गोपनीय रूप से अपने अभिमत का प्रचार प्रारम्भ किया। ये नवयुवक क्रान्तिकारियों के नाम से जाने गये और तत्कालीन हिन्दी कवियों ने भी अपनी अनुभूति को क्रान्तिकारी वातावरण से जोड़ लिया। इसी के फलस्वरूप हिन्दी कविता में एक ऐसी प्रवृत्ति का आविर्भाव हुआ जिसे 'क्रान्तिवाद' का नाम दिया गया।

माखनलाल चतुर्वेदी की "सिपाहिनी" चूड़ियों और कौषेय वस्त्रों की जगह तीर-धनुष और कवच धारण करना चाहती हैं :—

चूड़ियाँ बहुत हुई कलाइयों पर
प्यारे भुजदण्ड सजा दो,
तीर कमानों से शृंगार दो
जरा जिरह बखतर पहना दो।

सिर हथेली पर लिये इन क्रान्तिकारियों के समर्थन में माखनलाल ने भी अनेक कविताएँ लिखी। चतुर्वेदी जी की कविता "पुष्प की अभिलाषा" इस दृष्टि से अत्यन्त महत्वपूर्ण है :—

मुझे तोड़ लेना बनमाली
उस पथ-पथ पर देना तुम फेंक
मातृ भूमि पर शीश चढ़ाने
जिस पथ पर जाते वीर अनेक।

यहाँ तक कि अहिंसा में पूर्ण आस्था रखने वाले कवि मैथिलीशरण गुप्त ने भी अपने तेवर बदल दिये थे "और उचित है क्रान्ति का ही सेतु" का नारा बुलन्द करने लगे थे। अर्थ यह कि जिस तरह दहकती हुई ज्वाला की तरह क्रान्तिकारी युवक देशोद्धार में संलग्न थे उसी अनुपात में ओजपूर्ण क्रान्तिकारी भाषा में हिन्दी कविता का भी सृजन हो रहा था। कुरुक्षेत्र में रामधारी सिंह दिनकर लिखते हैं कि :—

न्यायोचित अधिकार माँगने से न मिले तो लड़के
तेजस्वी छीनने समर को जीत या कि खुद मरके।

छायावादी काव्य को प्रायः निराशा से जन्मा काव्यान्दोलन कहा जाता है। लेकिन छायावादी कवियों में भी क्रान्ति चेतना का विस्तार स्पष्ट रूप से परिलक्षित होता है। जयशंकर प्रसाद के नाटक चन्द्रगुप्त में गाया गया अभियान गीत—

हिमाद्रि तुंग श्रृंग से प्रबुद्ध शुद्ध भारती
स्वयं प्रभा समुज्जला स्वतन्त्रता पुकारती
अमर्त्य वीर पुत्र हो दृढ़ प्रतिज्ञ हो चलो
सुपुत्र मातृ भूमि के बढ़े चलो-बढ़े चलो।

छायावाद में कवि निराला तक आते-आते तो मार्क्सवादी दर्शन ने भी हिन्दी कवियों पर अपना प्रभाव छोड़ना शुरू कर दिया था—

निराला में जो क्रान्ति स्वर है वह रवीन्द्र में नहीं है। वे सही अर्थों में मानव थे और मानवता के जबरदस्त पोषक थे जीवन की प्रक्रियाओं और साहित्य से पूर्णतया यथार्थवादी थे वे सच्ची क्रान्ति चेतना से युक्त थे।

पेट पीठ दोनों मिलकर हैं एक
चल रहा लकुटिया टेक,
मुट्ठी भर दाने को
अपनी भूख मिटाने को।

छायावाद एक संक्रमण कालीन काव्य धारा थी जिसमें परस्पर विरोधी धारणाएँ विद्यमान थी जहाँ प्रसाद और निराला जनता को उसके गौरव की याद दिला कर उसे क्रान्ति युद्ध के लिए ललकार सकते थे वहीं प्रेम के अवसाद में आँसू भी बहाते थे। वैसे जनता की पक्षधरता की शुरूआत स्वतन्त्र रूप से छायावाद से ही शुरू होती है। आचार्य रामचन्द्र शुक्ल "कामायनी" में वर्गहीन समाज की साम्यवादी अनुगूँज की चर्चा करते हैं तो वहीं डॉ० राम-विलास शर्मा, प्रसाद और निराला पर गाँधी वादी अहिंसक क्रान्ति के प्रभाव को स्वीकार करते हैं। क्या ये एक संयोग है कि छायावादी काव्य को परस्पर विरोधी विचारधाराओं का संगम कहना दौर हिन्दी के दो प्रमुख मार्क्सवादी आलोचकों का परस्पर विरोधी वक्तव्य।

निराला का व्यक्तित्व ही एक प्रमुख विरोधी का व्यक्तित्व था। अपने उच्चतम ज्ञान से पंडित निराला सांस्कृतिक मनुष्यता का निर्माण समकालिक विश्व से नहीं जुटा पाये। परन्तु संवेदना के धरातल पर अपने युग से सम्बद्ध रहे। यही सच्चे माने में उनकी प्रगतिशीलता थी।[1]

सारी सम्पत्ति देश की हो
सारी आपत्ति देश की बने

× × ×

इस देश को मिल जाय वह पूँजी
जो तुम्हारी मिल में है।

× × ×

आज अमीरों की हवेली
किसानों की होगी पाठशाला
यह निश्चित है कि कभी न कभी
आयेगी भाल पर
भारत की नई ज्योति।

अबे सुन बे गुलाब
फूल मत जो पायी
खुशबू रंगों आब
खून चूसा खाद का
तूने अशिष्ट
डाल पर इतरा रहा है कैपेटिलिस्ट ।

"कुकुरमुत्ता" की व्यंग्यात्मक दुद्कार ।

"वह तोड़ती पत्थर" की मजदूर युवती मेहनती है उसका परिवेश शहरी है—एक पूँजीवादी शरह में मेहनत और यंत्रणा वाला । इसमें श्रम की यंत्रणा है वहीं कर्म की विराटता और इतिहास की दिशा भी । छायावादी कवियों में कुछ ऐसे भी कवि थे जिनकी कविताओं का दर्शन तो कुछ और था लेकिन वे क्रान्ति चेतना से अपना नाता हो हल्ले के साथ घोषित करते रहते थे । छायावादी कवि पन्त के काव्य में भले ही हमें उस स्तर पर क्रान्ति चेतना न प्राप्त हो सके लेकिन पन्त जी जानते मानते हैं कि "आज हिन्दुस्तान की जनता नहीं सारी दुनियाँ की जनता अपने अधिकारों के लिए संघर्ष कर रही है । भारतीय जनता का संघर्ष विश्व जनता के संघर्ष का ही एक अंग है । इसी सच्चाई को लक्ष्य करके पन्तजी "उत्तरा" की भूमिका में लिखते हैं "ऐसे विश्व-संघर्ष के युग में सांस्कृतिक सन्तुलन स्थापित करने के प्रयत्न को में जाग्रत चेतन्य मानव का कर्तव्य समझता हूँ और यदि यह सम्भव न हो सका तो प्राकृतिक परिस्थितियों द्वारा संगठित सत्य भूकम्प, बाढ़ तथा महाभारी की तरह ये क्रान्ति चेतना बड़ी भ्रामक और खतरनाक लगती है ।

"लेनिन ने बताया है कि मार्क्सवाद को ग्रहण करने की असली कसौटी यह है कि आप मजदूर राज्य के सिद्धान्त को मानते हैं या नहीं । पन्तजी के लिए मजदूर राज्य का तो सवाल ही नहीं उठता, वर्ग-संघर्ष का जो सिद्धान्त मार्क्स के समय पूँजीपतियों तक को मान्य था वह भी पन्त जी को मान्य नहीं है। इसीलिए पन्तजी को जीवन की वो परिस्थितियाँ जो मनुष्य को क्रान्तिकारी परिवर्तनों की तरफ ढकेलती हैं भूकम्प, बाढ़ तथा महामरी की तरह भयानक लगती हैं ।"

"मैथिलीशरण गुप्त के काव्य "अर्जुन और विसर्जन" की नायिका 'काहिना' कहती है—

स्वतंत्र्य के अर्थ हमारे निकट कौन सा मूल्य महान्,
धन क्या यह जीवन भी अपना कर दें उस पर बलिदान ।

रामधारी सिंह दिनकर अपने काव्य कुरुक्षेत्र में अपने न्यायोचित अधिकारों को प्राप्त करने के लिए जनता को जनक्रान्ति के किए ललकारते हैं अपने अधिकारों को प्राप्त करने के लिए एक निर्णायक युद्ध अनिवार्य है बिना उसके जनता अपने अधिकारों को प्राप्त नहीं कर सकती :—

> न्यायोचि अधिकार माँगने से न मिले तो लड़के,
> तेजस्वी छीनते समर को जीत या कि खुद मरके।

यद्यपि प्रगतिवाद का सम्बन्ध १९३६ के प्रगतिशील लेखक संघ की स्थापना से जोड़ा जाता है और उसे १९१७ की रूसी क्रान्ति की सफलता के फलस्वरूप सारी दुनिया में शुरू हो रहे प्रगतिशील साहित्यिक आन्दोलनों के अंग के रूप में देखा जाता है और कुछ लोग तो उसे कम्युनिस्ट विचारधारा का साहित्यिक रूप मात्र मानते हैं लेकिन वस्तुतः वह भारतीय इतिहास और जनता की स्वाभाविक चिन्ता का ही विकास था। १९३० के बाद राजनीति में गांधी जी से मोहभंग, कांग्रेस के भीतर वामपक्ष का गठन आदि के साथ-साथ साहित्य में हम देखते हैं प्रेमचन्द के यथार्थवादी कथाधारा का क्रमशः पैनापन, प्रसाद जी की 'तितली' और उनका 'यथार्थवाद' पर लेख, निराला जी का 'कुल्लीभाट', 'बिल्लेसुर बकरिहा', 'देवी', 'चतुरी चमार' और महादेवी वर्मा के रेखाचित्र' पंत का 'रूपाभ'—संपादन आदि। आचार्य शुक्ल की वस्तुनिष्ठ आलोचना-दृष्टि को भी इसके साथ जोड़कर देखें तो पता चलता है कि प्रगतिवाद इसी परम्परा का विकास है।

छायावाद मुख्यतः काव्य आन्दोलन था पर प्रगतिवाद समग्र साहित्यिक आन्दोलन था। उसके पीछे कुछ निश्चित सामाजिक वैचारिक आदर्श थे। इसकी भावना को स्फुट करते हुए प्रगतिशील लेखक संघ के सभापति पद से मुन्शी प्रेमचन्द ने कहा था, 'हम साहित्य को केवल मनोरंजन और विलासिता की वस्तु नहीं समझते। हमारी कसौटी पर केवल वही साहित्य खरा उतरेगा जिसमें उच्च चिन्तन हो, स्वाधीनता का भाव हो, सौन्दर्य का सार हो, सृजन की आत्मा हो, जीवन की सच्चाइयों का प्रकाश हो, जो हम में गति, संघर्ष और बेचैनी पैदा करे, सुलाए नहीं क्योंकि अब और ज्यादा सोना मृत्यु का लक्षण है।' प्रगतिवाद ने साहित्य के समक्ष यह जलता हुआ सवाल रख दिया—कस्मै देवाय हविषा विधेय? साहित्य किसकी सेवा करे? इस प्रकार साहित्य की सामाजिक सोद्देश्यता का सवाल उठाकर प्रगतिवाद ने साहित्यकार के सामाजिक दायित्व को रेखांकित किया। सामाजिक सार्थकता साहित्य के मूल्यांकन की प्रमुख आधार बिन्दु बन प्रगतिवाद ने मानव-मात्र की सेवा करने वाले साहित्य को वर्ग आधार

पर विभाजित किया। साहित्य या तो शासक वर्ग की सेवा करता है या शासित वर्ग की, या तो न्याय का पक्षधर होगा या अन्याय का, स्वतन्त्रता का पक्षधर होगा या पराधीनता का। इस प्रकार प्रगतिवाद ने अमूर्त मानवतावाद के स्थान पर प्रेमचंद की राह पर चलते हुए नए यथार्थ मानधतावाद की प्रतिष्ठा की। उसने साहित्य को मनुष्य से, शोषित-उत्पीड़ित जनता से, जनता के राष्ट्रीय-अन्तर्रास्ट्रिय मुक्ति संघर्षों से जोड़ दिया। प्रगतिवाद की इस मूल्य दृष्टि का प्रभाव कविता, कहानी, नाटक, आलोचना आदि सभी क्षेत्रों में पड़ा।

प्रगतिवाद ने कविता के विषय-क्षेत्र का विस्तार किया और 'अनन्त' और 'असीम पर टिकी निगाहों को भी बाध्य किया कि वे 'ग्रामवासिनी' भारत माता की और आँख खोल कर देखें। ग्राम जीवन की और प्रगतिवादी कविता का दृष्टिपात विस्मय-विमुग्ध न होकर यथार्थ-चेतस है इसलिए उसमें ग्राम-जीवन समंती शोषण, कठोर श्रम, कर्ज, बदहाली आदि की बदसूरत तस्वोरें भी साफ-साफ दिखाई देती हैं। केदारनाथ अग्रवाल ने किसान के बेटे की उत्तराधिकार-सम्पत्ति का व्यौरा दिया—

जब बाप मरा तब यह पाया
भूखे किसान के बेटे ने।
घर का मलबा, टूटी खटिया
कुछ हाथ भूमि—वह भी परती।
कंचन सुमेरु का प्रतियोगो
द्वारे का पर्वत घूरे का
बनिए के रुपयों का कर्जा
जो नहीं चुकाने पर चुकता।
बस यही नहीं, जो भूख मिली।
सौ गुनी बाप से अधिक मिली।

इसी समय सुमित्रानन्दन पंत ने 'ग्राम्या' में किसान की अन्धकार की गुहा-सरीखी आँखें देखीं। निराला ने किसान जीवन और प्रतिरोध के जीवंत चित्र 'नए पत्ते' में अंकित किए। 'मंहगू मंहगा रहा' में मंहगू कांग्रेसी नेताओं की पोल ही नहीं खोलता बल्कि घिसी हुई क्रान्तिकारी शक्तियों की और आशा भरी दृष्टि से देखता भी है। प्रगतिवादी कवि केवल सामंती शोषण के चित्र ही नहीं खींचता वह इसे जड़ मूल से उखाड़ फेकने के लिए सामंत-विरोधी जन क्रान्ति का आह्वान भी करता है—

कुसंस्कृत भूमि पे किसान को
धरती के पुत्र को
जोतनी है गहरी दो चार बार दस बार
बोना महातिक्त वहाँ बीज असन्तोष का
काटनी है नए साल फागुन में फसल जो क्रान्ति की ।

—रामविलास शर्मा

प्रगतिवादी कविता में किसान ही नहीं, नए युग के नेता—सर्वहारा के जीवन संघर्ष की छवियाँ भी पहली बार अंकित हुईं। पूँजीवाद के विरुद्ध सर्वहारा की युद्ध घोषणा, उसके अनिवार्य विनाश की घोषणा के साथ में प्रकट हुई—

तू है मरण, तू है रिक्त, तू है व्यर्थ
तेरा ध्वंस केवल एक तेरा अर्थ ।

—मुक्तिबोध

पूँजीवाद के खिलाफ, पराधीनता के खिलाफ मज़दूर वर्ग के बढ़ते हुए दृढ़ क़दमों की पदचाप नरेन्द्र शर्मा के ओजस्वी गीतों में सबसे अधिक प्रतिध्वनित हुई। उन्होंने पराधीनता की बेडियों को काट देने के लिए मजदूर वर्ग का आह्वान करते हुए गाया था—

एक ओर जंजीर, दूसरी ओर पड़ी है तेग दुधारी
जो चाहे ले आगे आ तू
जो चाहे ले, हाथ बढ़ा तू
देखूँ किसे गुलामी भाती और किसे आजादी प्यारी ।

—नरेन्द्र शर्मा

मज़दूर वर्ग का सारा जीवन—चाहे फैक्टरी या मिलों में उत्पादन का जीवन हो या घरों-मुहल्लों में परिवार और पड़ोसी का जीवन हो—उसके मुक्ति संघर्ष से अविच्छिन्न रूप से जुड़ा है। मजदूर वर्ग के घर पैदा होने वाला बच्चा केदारनाथ अग्रवाल के लिए साधारण बच्चा नहीं है, वह सर्वहारा वर्ग की सन्तान है इसलिए भावी मुक्ति संघर्ष का वही विजेता योद्धा है—

एक हथौड़े वाला घर में और हुआ
हाथी-सा बलवान जहाजी हाथों वाला और हुआ
सूरज सा इनसान, तरेरी आँखों वाला और हुआ
माता रही विचार अन्धेरा हरने वाला और हुआ
दादा रहे विचार सवेरा करने वाला और हुआ

जनता रही पुकार सलामत लाने वाला और हुआ
सुन लो री सरकार ! कयामत ढाने वाला और हुआ ।

—केदारनाथ अग्रवाल

प्रगतिवादी कविता ने सर्वहारा और किसान के वर्ग-चित्र तो अंकित किये ही, उन्होंने इन वर्गों के सशक्त व्यक्ति चित्र भी उपस्थित किए । नागार्जुन ने रिक्शा चालक के 'खुरदरे पैर' दिखलाए, 'प्रेत का बयान' में दुखरन मास्टर की दुखभरी जिन्दगी के अन्धेरे कोने उजागर किए, केदारनाथ अग्रवाल ने 'चंदू चना चबेना खाता', 'चित्रकूट के बौड़म यात्री' बुन्देली किसानों और कानपुरी मजदूरों के तेवर दिखलाए तो त्रिलोचन ने निरक्षर चंपा, अतवरिया और 'भोरई केवट के घर' का परिचय दिया । इस तरह प्रगतिवाद ने कविता में साधारण बहुजन की छवि प्रतिष्ठित की ।

प्रगतिवादी कविता में देश-विदेश के जनान्दोलनों की धड़कनों की अनुगूंजें भी सुनाई पड़ती हैं । मजदूरों की हड़ताल, किसान आन्दोलन, बंगाल का अकाल, नौसैनिक विद्रोह, तेलंगाना किसान-संग्राम आदि भारतीय इतिहास की ज्वलंत राजनीतिक घटनाओं ने प्रगतिवादी कविता पर अपनी गहरी छाप छोड़ी । इतनी अधिक राजनीतिक कविताएँ पहले कभी नहीं लिखी गयी थीं । प्रगतिवादी कवि ने एशिया और अफ्रीका सहित समस्त विश्व के जनगण के साम्राज्यवाद-विरोधी संघर्षों का जायजा लिया, उनसे प्रेरणा ली, हिटलर के फासिज्म का बढ़ चढ़ कर पर्दाफाश किया और उस विश्वव्यापी आतंक का मुँहतोड़ जवाब देने वाली रूसी लाल सेना की ऊर्जस्वित अभ्यर्थना की । प्रगतिवादी कवि भारत के मुक्ति-संघर्ष को विश्वव्यापी मुक्ति संघर्ष से जोड़ कर देखता है । कवि त्रिलोचन का कथन है—

अपनी मुक्ति कामना ले कर लड़ने वाली
जनता के पैरों की आवाजों में मेरा
हृदय धड़कता है····।

—त्रिलोचन

प्रगतिवादी कविता का विषय क्षेत्र केवल राजनीतिक-सामाजिक हलचलों तक सीमित नहीं है बल्कि उसमें प्रकृति और प्रेम की निश्छल और सरल अभिव्यक्ति भी हुई है । प्रगतिवादी प्रकृति-चित्रण की विशेषता है कि वहाँ प्रकृति एक तो निर्धन नहीं है, दूसरे वह अमूर्त या रहस्यावृत दैवी शक्ति के रूप में नहीं बल्कि अपने ठोस यथार्थ रूपों में है । इसी प्रभाव में सुमित्रानन्दन पंत ने 'लहलह पालक महमह धनिया' की सुगंध पहली बार ग्रहण की और निराला ने 'देवी

सरस्वती' में देखा कि 'हरी खेतों की सरस्वती लहराईं।' प्रगतिवादी कवि ने प्रकृति के सरल और निर्मल रूप के दर्शन किए और कराए। उदाहरण के लिए त्रिलोचन की कविता 'धूप सुन्दर'—

सघन पीली, ऊर्मियों में, बोर हरियाली सलोनी
झूमती सरसों, प्रकंपित वात से, अपरूप सुन्दर,
धूप सुन्दर, धूप में जग और सुन्दर।

—त्रिलोचन

केदारनाथ अग्रवाल के यहाँ धूप 'चाँदी की साड़ी पहने' आती है और मैके आई हुई लड़की की तरह मगन होकर घूमती है। चंचल किशोरो की तरह ऊधम मचाने वाली 'बसंती हवा' का जैसा सजीव चित्र उन्होंने खींचा है वैसा पहले किसी ने नहीं। नागार्जुन ने अपनी मातृभूमि मिथिला को याद करते हुए लिखा—

याद आता मुझे अपना वह 'तरउनी' ग्राम
याद आती लीचियाँ, वे आम
याद आते मुझे मिथिला के रुचिर भूभाग
याद आते धान
याद आते कमल, कुमुदिनि और ताल मखान
याद आते शस्य श्यामल जनपदों के
रूप गुण अनुसार ही रखे गए वे नाम
याद आते वेणुवन वे नोलिमा के निलय, अति अभिराम।

—नागार्जुन

प्रगतिवादी कवियों ने देशकाल निरपेक्ष किसी अमूर्त प्रकृति के चित्र नहीं खींचे। उनके यहाँ इस प्रकृति का नाम, रूप, चरित्र, स्वभाव सब कुछ पहचाना जा सकता है। प्रकृति केदार के यहाँ बुन्देली धरती है, नागार्जुन के यहाँ मिथिला है तो त्रिलोचन के यहाँ अवध है। उनका यह अंचल-प्रेम या मातृभूमि-प्रेम उनके राष्ट्र-प्रेम को और प्रगाढ़ करता है, दोनों में कोई अन्तर्विरोध नहीं है। डा० नामवर सिंह के शब्दों में, 'यह मातृभूमि-प्रेम राष्ट्रीयता तथा अन्तर्राष्ट्रीयता का विरोध नहीं है, इसका प्रत्यक्ष प्रमाण यह है कि प्रगतिशील कवि जिस ममत्व से बंगाल के साथ हाथ मिलाता है, उसी ममत्व से केरल के साथी को भी भेंटता है और उसी स्नेह के साथ नए चीन, सोवियत यूनियन, लैटिन अमरीका, अफ्रीका तथा अन्य देशों की जनता को छाती से लगाता है।'

प्रगतिवादी कविता में नारी सहयोग और समानता की भूमि पर पुरुष के

साथ-साथ आगे बढ़ती दिखाई देती है। छायावादी नारी से भिन्न उसकी विशिष्टता इसमें है कि वह छुईमुई नहीं, कल्पना से भी अधिक सुकुमार नहीं हैं, वह श्रम के सौन्दर्य से युक्त है, स्वाभिमान की कांति से विभासित है। वह छायावाद की तरह आलोक और सौरभ से सनी हुई आकाश से परी की तरह नहीं उतर रही है—बल्कि जीवन के संघर्ष में पुरुष के साथ कंधा से कंधा मिला कर खड़ी है। त्रिलोचन के यहाँ कठिन धूप में मिलकर खेत में पानी देने वाले किसान-दम्पति का यह चित्र देखने योग्य है—

हैं धूप कठिन सिर ऊपर
थम गयी हवा है जैसे
दोनों दूबों के ऊपर
रख पैर खींचते पानी
उस मलिन हरी धरती पर
मिल कर वे दोनों प्रानो
दे रहे खेत में पानी।

—त्रिलोचन

प्रगतिवादी कविता में पति-पत्नी की सहज अकुंठित प्रेम बड़ी स्वच्छता से व्यक्त हुआ है। नागार्जुन को दूर प्रवास में भी अपनी परिणीता पत्नी का 'सिन्दूर तिलकित भाल' याद आता है। त्रिलोचन में विवाहित प्रेम के साथ-साथ स्वच्छंद प्रेम की भी बड़ी मार्मिक अभिव्यक्ति मिलती है। केदारनाथ अग्रवाल ने सीधे अपनी पत्नी को सम्बोधित कर सरल प्रेम-व्यंजना की है। इसी प्रकार प्रगतिवादी कविता में बच्चों के बारे में जितना अधिक लिखा गया है उतना भक्ति-काव्य को छोड़ कर पहले और कहीं नहीं।

सामाजिक उद्देश्यता के प्रति सचेष्ट प्रगतिशील कवि ने अपनी काव्य-वस्तु के अनुरूप ही कविता का बाह्य रूप भी संघटित किया। भक्तिकाव्य के बाद पहली बार भारतेन्दु युगीन अन्दाज में कवि ने जनता की बोली-बानी में काव्य रचना की। फलतः प्रगतिशील कविता खूब लोकप्रिय भी हुई, खासकर नागार्जुन की। कविता की उत्कृष्टता और लोकप्रियता की समस्या को हल करने में इन कवियों ने जो उपलब्धियाँ हासिल कीं वे बेहद मूल्यवान हैं। इस दिशा में चल कर लगभग सभी प्रगतिशील कवियों ने अपनी जनपदीय भाषाओं (अवधी, मैथिली, बैसवाड़ी आदि) में काव्य रचना की। लोकछंदों के सफल प्रयोग किये गये। कविता ने शिक्षित जनों के घेरे से बाहर निकल कर लोक कंठ और लोकहृदय में स्थान पाने का प्रयास किया।

यद्यपि कभी-कभी अत्यधिक सतही नारे बाजी और प्रचारात्मकता ने कविता को आच्छादित कर लिया और इसके लिए प्रगतिवादी कविता पर भी गम्भीर आरोप किये गये फिर भी प्रगतिवादी कविता ही नहीं बल्कि समूचे प्रगतिशील आन्दोलन के ऐतिहासिक महत्व को सबने मुक्त कंठ से स्वीकार किया है। उदाहरण के लिए हम आचार्य हजारीप्रसाद द्विवेदी के इस मत की ओर दृष्टिपात कर सकते हैं, 'प्रगतिशील आन्दोलन बहुत महान् उद्देश्य से चालित है। इसमें साम्प्रदायिक भाव का प्रवेश नहीं हुआ तो इसकी सम्भावनाएँ अत्यधिक हैं। भक्ति आन्दोलन के समय जिस प्रकार एक अदम्य दृढ़ आदर्श-निष्ठा दिखाई पड़ी थी जो समाज के नए जीवन-दर्शन से चालित करने का संकल्प वहन करने के कारण अप्रतिरोध्य शक्ति के रूप में प्रकट हुई थी उसी प्रकार यह आन्दोलन भी हो सकता है।'

स्वाधीनता प्राप्ति के बाद साहित्य के क्षेत्र में दो घटनाएँ घटती हैं—एक तो प्रगतिशील आन्दोलन का आन्तरिक और सांगठनिक विघटन तथा दूसरे, अज्ञेय के नेतृत्व में प्रगति-विरोधी प्रयोगवाद का वर्चस्व। प्रयोगवाद की शुरूआत पहले मात्र काव्य-प्रयोग से हुई थी लेकिन धीरे-धीरे इसने अपनी व्यवस्थित विचार-प्रणाली और प्रचार-पद्धति अपनाई और प्रगतिवाद के विरुद्ध आक्रमण छेड़ दिया। इसका स्वरूप और चरित्र स्पष्ट करते हुए मुक्तिबोध ने लिखा—'स्वाधीनता प्राप्ति के उपरान्त भारत में एक और अवसरवाद की बाढ़ आई। शिक्षित मध्यवर्ग में भी उसकी जोरदार लहरें पैदा हुई। साहित्यिक लोग भी उसके प्रवाह में बहे और खूब ही बहे। इस भ्रष्टाचार, अवसरवाद, स्वार्थपरता की पार्श्वभूमि में, नई कविता के क्षेत्र में पुराने प्रगतिवाद पर जोरदार हमले किये गये और कुछ सिद्धान्तों की एक रूपरेखा प्रस्तुत की गयी। ये सिद्धान्त और उनके हमले, वस्तुतः उस शीतयुद्ध के अंग थे जिसकी प्रेरणा लन्दन और वाशिंगटन से ली गयी थी। पश्चिम की परिपक्व मानववादी परम्परा से प्रेरणा न ग्रहण करके उन नए व्याख्याताओं ने उसकी अत्यन्त प्रतिक्रियावादी साहित्यिक विचारधारा को अपनाया और फैलाया। नई कविता के आसपास लिपटे हुए बहुत से साहित्यिक सिद्धान्तों में शीत युद्ध की छाप है।' इस प्रतिक्रियावादी अभियान की परिणति क्रमशः साठोत्तरी दिशाहीन अराजकतावाद में हुई। इसे अकविता-अकहानी का युग कह सकते हैं।

लेकिन स्वाधीनता के बाद साठोत्तरी अराजकतावाद तक के इस काल में प्रगति-विरोधी अभियान के वर्चस्व के बावजूद जनवादी चेतना और प्रगतिशील काव्यधारा सदा अन्तःसलिला के रूप में बरकरार रही। नागार्जुन, त्रिलोचन,

केदारनाथ अग्रवाल, शंकर शैलेन्द्र आदि सभी प्रगतिशील कवि इस अवधि में भी रचनारत रहे बल्कि अपनी महत्वपूर्ण कविताएँ इन्होंने इसी काल में लिखीं। और सबसे आगे बढ़कर इस पूरे युग में धारा के विरुद्ध मुक्तिबोध आजीवन संघर्ष करते रहे और इस संघर्ष में शमशेर बहादुर सिंह का भी योगदान कम नहीं है। इसके अतिरिक्त नई कविता के रघुवीर सहाय, सर्वेश्वरदयाल सक्सेना, केदारनाथ सिंह आदि में कुछ ज्वलंत तत्व पहले से ही थे। जिनका आगे चलकर विस्मयकारी विकास हुआ।

स्वाधीनता के बाद अग्रचेता कवियों की जो पहली अनुभूति स्फुरित हुई वह बहुत कुछ स्वाधीनता के स्वप्न-भंग और गद्दीनशीन सरकार के पर्दाफाश से पैदा हुई थी। तेलंगाना किसान आन्दोलन की रोशनी में नागार्जुन ने देखा था, 'पहचाना अब, चोर-चोर सब ये मौसेरे भाई हैं।' उन्होंने लक्षित किया कि इस नए शासन में भारतीय शासक वर्ग का विदेशी साम्राज्यवाद से अपवित्र गठबन्धन हुआ है और यह गठबन्धन राष्ट्रीय हितों के विरुद्ध है—

अंग्रेजी-अमरीकी जोंकें, देशी जोंकें एक हुईं
नेताओं की नीयत बदली, भारतमाता टेक हुईं।

—नागार्जुन

मजदूरों के कवि शंकर शैलेन्द्र ने भी सरकार का अहिंसावादी खोल उतारते हुए उसका असली रूप उजागर किया और बताया कि इस शासन में रुपया और पौंड का समझौता है और वह समझौता भी असमान है क्योंकि रुपया पौंड के पीछे पीछे चल रहा है, उस पर निर्भर है—

पदवी बदल गयी है किन्तु निजाम वही है
थका-पिसा मजदूर वही, दहकान वही है
कहने को भारत पर हिन्दुस्तान वही है
छापा बदला किन्तु वही सिक्का चलता है
घटे पौंड की पूँछ पकड़ रुपया चलता है।

—शंकर शैलेन्द्र

उन्होंने कांग्रेसी शासन का असली रूप उजागर करने के लिए भगतसिंह के प्रतीक का बड़ा सशक्त उपयोग किया। स्वाधीनता के पहले विद्रोह और समझौते की जो अलग-अलग धाराएँ थीं, वे स्वाधीनता के बाद कांग्रेस के गद्दी पर बैठते ही और स्पष्ट हो गयीं और शंकर शैलेन्द्र ने कल्पना की कि अगर भगत सिंह आज होते तो उन्हें भी फाँसी पर चढ़ा दिया जाता—

भगतसिंह इस बार न लेना काया भारतवासी की।
देशभक्ति के लिए आज भी सजा मिलेगी फांसी की।

—शंकर शैलेन्द्र

यहाँ 'आज भी' और 'देशभक्ति' द्वारा शंकर शैलेन्द्र ने कांग्रेसी शासन की खोल में छिपे अंग्रेजी राज के अत्याचार को किस तरह प्रत्यक्ष कर दिया है, यह ध्यान देने योग्य है।

इसी क्रम में आगे चलकर नागार्जुन ने अपने व्यंग्य-बाण पैने किए और देश के लगभग हर महत्वपूर्ण मोड़ पर वे अन्याय, तानाशाही, भ्रष्टाचार का भांडा फोड़ते रहे। केदारनाथ अग्रवाल और त्रिलोचन ने भी राजनीतिक कविताएँ लिखीं और सबसे महत्वपूर्ण बात यह कि कुंठा और अनास्था के प्रचार की आंधी में भी इन कवियों ने मानव जीवन के प्रति विश्वास और आस्था की शिखा कभी बुझने न दी। स्वाधीनता और सच्चे जनतन्त्र की आकांक्षा और माँग को लेकर जब भी कोई आन्दोलन उठा, इन कवियों ने उसका आगे बढ़कर स्वागत किया।

मुक्तिबोध इसी 'अन्धेरे में' कठोर और निर्मम आत्मसंघर्ष की प्रक्रिया से गुजरते हैं और इसीलिए उनकी पारदर्शिनी दृष्टि चाँदनी के जाल को भेद कर देख लेती है कि 'चाँद का मुंह टेढ़ा है।' मुक्तिबोध अपने समकालीन व्यक्तिवादी आन्दोलन का सम्बन्ध सीधे पूंजीवाद से जोड़ते हैं और उसके खिलाफ खड़े होते हैं—

कविता में कहने की आदत नहीं पर कह दूं
वर्तमान समाज चल नहीं सकता
पूँजी से जुड़ा हुआ हृदय बदल नहीं सकता
स्वातन्त्र्य व्यक्ति का वादी
छल नहीं सकता मुक्ति के मन को
जन को।

—मुक्तिबोध

दरअसल मुक्तिबोध का व्यक्ति-मन समाज-सत्य के विरोध पर नहीं बल्कि उसकी अपेक्षा में अस्तित्वमान है और इसीलिए वे समाज को भीड़ नहीं समझते। व्यक्ति की स्वाधीनता सिर्फ व्यक्ति के स्तर पर लड़कर नहीं पाई जा सकती। व्यक्ति का जीवन, दुःख और मुक्ति सब कुछ समाज से जुड़ा हुआ है इसलिए जनता के प्रति उनके मन में उपेक्षा और तिरस्कार का भाव नहीं, श्रद्धा और आदर का भाव है—

अरे जन—ऊष्मा के बिना
व्यक्तित्व के स्तर जुड़ नहीं सकते
प्रयासी प्रेरणा के स्रोत, सक्रिय वेदना की ज्योति
सब साहाय्य उनसे लो
तुम्हारी मुक्ति उनके प्रेम से होगी
कि तद्गत लक्ष्य से ही हृदय के नेत्र जागेंगे
··· अपनी मुक्ति के रास्ते
अकेले में नहीं मिलते।

—मुक्तिबोध

अपनी वर्ग स्थिति और जनता की सामाजिक शक्ति और चूलिका का हमेशा अनुचिन्तन करते रहने के कारण मुक्तिबोध की कविता में व्यक्तित्वांतरण की समस्या सर्वाधिक महत्व धारण कर लेती है : निम्न मध्यवर्ग का व्यक्ति पूंजी के आकर्षणों पर पराए विचारों के जाल को छिन्न-भिन्न करके, अपनी वर्ग-सीमा का अतिक्रमण करके, कैसे सर्वहारा वर्ग से एकरूप हो, यह मुक्तिबोध की चिन्ता का केन्द्र है। उनकी समूची काव्य प्रक्रिया लगभग इसी चिन्ता-प्रक्रिया से गुजरती है। इसे रामविलास शर्मा जैसे आलोचक ने मुक्तिबोध के विभाजित व्यक्तित्व का कुपरिणाम बतलाया है। व्यक्तित्वांतरण की कठिनाई उनके यहाँ इतनी जटिलता और तीक्ष्णता से विवेचित हुई है कि शर्मा जी ने उसे असामान्य मनोदशा का विक्षेप तक कह डाला है। दरअसल यह मुक्तिबोध के आत्म-संघर्ष की केन्द्रीय पीड़ा है जो बड़ी इमानदारी और तड़प के साथ फूट पड़ती है—

अब तक क्या किया
जीवन व्यर्थ जिया

वे इसी समस्या की उलझनों में ही फंस कर नहीं रह जाते बल्कि जनता की अपार शक्ति पर भरोसा करते हैं और बड़ी बेचैनी से पूछते हैं कि क्रान्ति कब होगी—

सामने है प्रश्न
क्या होगा कहाँ किस भाँति
मेरे देश भारत में
पुरानी हाय में से
किस तरह आग भड़केगी
उड़ेगी किस तरह भक् से।

—मुक्तिबोध

वे क्रान्तिकारी भविष्य के सुन्दर सपने भी देखते हैं और ये सपने केवल सपने नहीं हैं बल्कि इनके पीछे 'मुक्ति कामी लोक-सेनाओं' के संघर्षों का ज्वलंत यथार्थ भी है—

जगत् के संवेदनों से आगमिष्यत् के
सही नक्शे बनाता हूँ
मुझे मालूम
अनगिन सागरों के क्षुब्ध कूलों पर
पहाड़ों-जंगलों में मुक्तिकामी लोक सेनाएं
भयानक वार करतीं शत्रु-मूलों पर। —मुक्तिबोध

इन्हीं क्रान्तिकारी अनुभूतियों को रोशनी में वे व्यवस्था का खूंखार चेहरा देखते हैं। 'अन्धेरे में' कविता में वे व्यवस्था का जो फासिस्ट चरित्र और चित्र खींचते हैं वह बेहद त्रासकारी और समूची हिन्दी कविता में बेमिसाल है और उसकी पारदर्शिता का प्रमाण तो यही है कि जो तानाशाही १९७५ में भारतीय जनता ने पहली बार देखी और झेली उसका पूर्वगामी चित्र मुक्तिबोध १९६४ में ही खींच चुके थे।

मुक्तिबोध की कविता की असंगतियों या कमियों के बावजूद उनके महत्व का मूल्यांकन करते हुए डा० राम विलास शर्मा लिखते हैं—'मुक्तिबोध को उनकी कविताओं से अलग करके देखना सम्भव नहीं है। वे मूलतः अपने ही संघर्ष को, अपने अनुभवों को, अपनी समस्याओं को, कविता में चित्रित करते है। ये समस्याएं निम्न मध्यम वर्ग को छोड़ कर अन्य वर्ग का साथ देने की ही नहीं हैं, इनमें मुक्तिबोध की अपनी मानसिक उलझनें, मन की असामान्य दशा भी शामिल है। भारी उलझनों के बीच मुक्तिवोध हथियार डाल कर बैठ नहीं जाते। विभिन्न स्तरों पर वह निरन्तर संघर्ष करते हैं और आत्म-केन्द्रित होते हुए भी वह समाज की आँखों से ओझल नहीं होने देते। उन की स्वप्नशीलता और प्रतीकयोजना यथार्थ-चित्रण को एक हद तक कमजोर करती है किन्तु उनकी कला विकसित हो रही थी और वह उसके विकास के लिये निरन्तर प्रयत्नशील थे। अभिव्यक्ति उनके लिए सबसे पहले काव्य सम्बन्धी अभिव्यक्ति है। उसे वह खोज रहे हैं क्योंकि कला का विकास अभी करते जाना है। मुक्तिबोध ने मार्क्सवाद से यह सीखा कि पूंजीवादी समाज-व्यवस्था को बदले बिना, क्या निम्न मध्य वर्ग और क्या श्रमिक वर्ग, इनकी मूल समस्याओं का समाधान सम्भव नहीं है। समाज को बदलने के लिए संघर्ष आवश्यक है, वह उनकी कविताओं से स्पष्ट है किन्तु इस संघर्ष को चलाने के लिए एक क्रान्ति-

कारी पार्टी का संगठन आवश्यक है, यह स्पष्ट नहीं है। उनके काव्य नायक निम्न मध्य वर्ग के होते हैं किन्तु उनके व्यक्तित्व को बदलने का काम मजदूर करते हैं। मुक्तिबोध यहाँ मार्क्सवाद की सीमाओं का अतिक्रमण नहीं करते, उन सीमाओं के भीतर रहते हुए सर्वहारा वर्ग की क्रान्तिकारी भूमिका को स्वीकार करते हैं। यह एक रोचक बात है कि मुक्तिबोध की कविता में जहाँ भी मजदूर दिखाई देते हैं यहाँ उनके लिए न तो आत्म निर्वासन जैसी समस्या है, न व्यक्तित्व-विभाजन की समस्या है, न व्यक्तित्व के रूपान्तरण की समस्या है। मुक्तिबोध के लिए मजदूर वर्ग एक स्वस्थ वर्ग है जिसमें मानसिक और शारीरिक दोनों प्रकार की शक्ति है।'

स्वाधीनता प्राप्ति के बाद प्रगति-विरोध की आँधी के खिलाफ मुक्तिबोध सचमुच एक 'जवाबी गदर' के नायक सरीखे मालूम पड़ते हैं। उन्होंने हिन्दी कविता की जनवादी धारा को और प्रखर किया, इसमें सन्देह नहीं। इसीलिए कहना न होगा कि सत्तर के बाद नए उभार के साथ ही मुक्तिबोध चर्चा के केन्द्र में आ गए।

१९६७ के नक्सलबाड़ी किसान विद्रोह और नौ राज्यों में गैर कांग्रेसी सरकारों के गठन के बाद जैसे राजनीति में, उसी प्रकार साहित्य में भी जबर्दस्त उथल-पुथल दिखाई पड़ी। इसका अच्छा परिणाभ हुआ—साठोत्तरी दिशाहीन अराजकतावाद की आत्मा और साहित्य में प्रगतिशील धारा का पुनरुत्थान। यह पुनरुत्थान कई स्तरों पर दिखाई पड़ा। एक ओर नागार्जुन, केदार, त्रिलोचन जैसे प्रगतिशील कवियों की पुरानी पीढ़ी इसे स्वर देती रही। नागार्जुन ने इसी अवधि में 'अब तो बंद करो हे देवी यह चुनाव का प्रहसन' सीरीज़ की कविताएँ लिखीं और आगे चल कर १९७४ के युवा आन्दोलन में सीधे कूद पड़े। दूसरे स्तर पर वे कवि हैं जो प्रयोगवाद और नयी कविता की धारा से आए थे लेकिन नए उभार के साथ उनका भी स्वर बदला जैसे रघुवीर सहाय, सर्वेश्वरदयाल सक्सेना और केदारनाथ सिंह। इन कवियों में रघुवीर सहाय का स्वर कुछ पहले से ही राजनीतिक और आलोचनात्मक था। लोहिया की विरोधी राजनीति का निर्भीक स्वर उनकी कविता में यदा-कदा बड़े तीखेपन से व्यक्त होता रहा। लेकिव सर्वेश्वरदयाल सक्सेना ने बड़ी तेजी से विकास किया और उनका स्वर केवल भंडाफोड़ और विरोध तक सीमित न रह कर क्रान्तिकारी जनान्दोलनों के सीधे समर्थन में जा खड़ा हुआ। जनवाद-आकांक्षा सबसे अधिक गहराई के साथ सर्वेश्वर में प्रकट हुई। केदारनाथ सिंह ने कोमल गीतों से चल कर ऊबड़-खाबड़ रास्तों की ओर डग बढाये और 'जमीन पक रही है' का अनुभव दर्ज

करना शुरू किया। 'बुनाई का गीत' में तो क्रान्तिकारी परिवर्तन की आकांक्षा गहरी बेचैनी और तड़प के साथ अभिव्यक्त हुई है।

इस उत्थात का तीसरा और मुख्य स्तर वह है जहाँ नए कवियों की नई पीढ़ी उभरती दिखाई देती है—धूमिल, लीलाधर जगूड़ी, कुमारेन्द्र पारसनाथ सिंह, विष्णुचन्द्र शर्मा, विजेन्द्र, ज्ञानेन्द्रपति, आलोकधन्वा, वेणु गोपाल आदि। इन कवियों की काव्य वस्तु और तेवर की नवीनता दूर से ही दिखाई देने लगती है। व्यवस्था की पहचान और उसके खिलाफ विद्रोह की चेतना इनमें अधिक साफ और अधिक आक्रामक है। ये हिन्दी कविता को एक नए ओज गुण से सम्पन्न करते हुए, आक्रोश से चल कर क्रमशः गम्भीर क्रान्तिकारी दिशा की ओर कदम बढ़ाते हैं।

समकालीन कविता चूँकि राजनीतिक-सामाजिक हलचलों से सीधे प्रभावित है इसलिए उसकी कुछ विशेषताओं और उपलब्धियों को बिलकुल राजनीतिक सामाजिक घटनाओं की तरह पहचाना जा सकता है। उसकी सबसे बड़ी विशेषता है ग्रामोन्मुखता। प्रयोगवाद से ले कर अकविता तक हिन्दी कविता क्रमशः जीवन के एक संकीर्ण घेरे में सिमटती चली आई थी और उसका वातावरण घिसे-पिटे शहरी माहौल तक सीमित हो गया था लेकिन १९६७ के ऐतिहासिक मोड़ के बाद कविता सहसा भारत के सबसे बड़े यथार्थ की ओर—विशाल ग्रामीण क्षेत्र की ओर मुड़ गयी। फिर गाँवों की कड़वी सचाइयों की रोशनी में कहीं से एक-एक कर आजादी, संविधान, संसद, चुनाव, लोकतन्त्र, समाजवाद, अहिंसा, सत्य आदि तमाम प्रतीकों और आदर्शों पर सवाल उठाने लगी। इतने जोरशोर से, इतने साफ और बेलौस ढंग से कवि ने व्यवस्था पर कभी सवाल नहीं उठाया था। कवि धूमिल ने पूछा—

> 'क्या आजादी सिर्फ तीन थके हुए रंगों का नाम है
> जिन्हें एक पहिया ढोता है
> या इसका कोई खास मतलब होता है।' —धूमिल

इसी प्रकार समकालीन कविता ने तत्कालीन उछाले गये नारों—जैसे गरीबी हटाओ आदि—के झूठ का भी पर्दाफाश किया। समकालीन कवि उठते हुए जनान्दोलनों से डरता नहीं है बल्कि उनके स्वर में अपना तीखा स्वर मिला देता है। इस अवधि की राजनीतिक कविताओं की विशेषता यह है कि उनसे कवि का दृष्टिकोण और उनकी प्रत्यक्ष भागीदारी तक साफ साफ दिखाई देती है। इसे कवि ने खुद अपने आचरण में भी उतारा। नागार्जुन और रेणु की अगुआई में अनेकों कवि ओर साहित्यकार १९७४ के युवा आन्दोलन में कूद पड़े। आपातकाल में उन्हें जेल यात्रा भी करनी पड़ी। इन सब घटनाओं ने कवि स्वभाव

और काव्य रचना पर भी गहरा असर डाला। अब समकालीन कवि केवल क्रान्ति के स्वप्न नहीं देखता, न केवल क्रान्ति का आह्वान करता है बल्कि क्रान्ति की प्रक्रिया का भी वर्णन-विवेचन करता है। धूमिल को जिस 'दूसरे प्रजातन्त्र' की तलाश थी उस प्रजातन्त्र के लिए तड़प और बेचैनी इधर की कविताओं में और बढ़ी है।

गोरख पाण्डेय, उदय प्रकाश, अरुण कमल, मनमोहन आदि की जो नई पीढ़ी आई है वह समकालीन कविता की इन विशेषताओं को और भी परवान चढ़ा रही है। इधर की कविता में लक्षणीय बात यह है कि राजनीतिक कविताओं में आक्रोश और ललकार कम हुई है और गम्भीरता और दायित्वपूर्ण ईमानदारी अधिक बढ़ी है। कवियों का विचार-धारात्मक विकास और गहरा हुआ है। भावबोध का भी विस्तार हुआ है और राजनीतिक कविताओं के साथ-साथ प्रकृति और प्रेम की कविताएं भी खूब लिखी जा रही हैं। सबसे बड़ी बात यह है कि इधर की कविता पूर्ववर्ती कविता की लटकेबाजो, मुहावरेबाजी और साठोत्तरी अराजकता के प्रभाव से मुक्त है। उसकी भाषा और उसका अन्दाज ऊसकी अन्तर्वस्तु की तरह ही स्पष्ट और आक्रामक है। उसका व्यंग्य भी सधा हुआ, आक्रामक किन्तु गम्भीर और सुविचारित है। उदाहरणार्थ गोरख पाण्डेय की ये पंक्तियाँ—

आप पूंजी हैं लाभ हैं लूट हैं खसोट हैं
आप घौंस हैं धमकी हैं चोट हैं
आप शान्ति के समाजवादी कपोत हैं
आप युद्ध के पोत हैं
आप नाना रूपधारी हैं हे प्रभु
आप महाबलशाली हैं हे प्रभु
हम आपकी कृपा से आजाद हैं
हम आपकी कृपा से बेबुनियाद हैं। —गोरख पाण्डेय

इधर को समकालीन कविता में किसान आन्दोलनों की धमक साफ सुनी जा सकती है। कविता ने अपना हृदय इन आन्दोलनों की धड़कनों के साथ मिलाने की बराबर कोशिश की है। इसका प्रमाण है—इधर गीतों और लोकगीतों का बड़े पैमाने पर लिखा जाना। रमेश रंजक, नचिकेता, शान्ति सुमन, रामकुमार कृषक, महेश्वर, गोरख पाण्डेय आदि के गीतों की लोकप्रियता ने इस विधा को फिर जनता के सम्मान और स्नेह की अधिकारिणी बना दिया है।

●

नई कहानी और अस्तित्ववाद

द्वितीय महायुद्ध के पश्चात् योरोप में अस्तित्ववादी चिन्तन के उद्भव और विकास के मूल में जो परिस्थितियाँ उत्तरदायी थीं लगभग वही परिस्थितियाँ भारत में स्वतन्त्रता प्राप्ति के पाँच-सात वर्षों के उपरान्त पैदा होना शुरू हुई। स्वतन्त्रता प्राप्ति से पूर्व भारतीय जनमानस में अपने भविष्य को लेकर आशा की एक जबरदस्त किरण चमचमा रही थी, जो स्वतन्त्रताप्राप्ति के पश्चात बीतते काल के साथ घोर निराशा में परिवर्तित हो गयी। यह भारतीय जनमानस के मोहभंग का काल था। हिन्दी साहित्य और खासकर हिन्दी कहानी के क्षेत्र में भी। भले ही अस्तित्ववाद का जन्म पश्चिम में हुआ, लेकिन स्वातन्त्र्योत्तर भारत की सामाजिक, आर्थिक एवं राजनैतिक परिस्थितयों ने इसे भारत की जमीन पर खाद-पानी उपलब्ध करा दिया।

१९५१ के आसपास कहानी के क्षेत्र में एक नयी चेतना का उदय हुआ। १९५० के पहले की नई कहानी दो खेमों में बँटी हुई थी। एक था मनोवैज्ञानिक कहानी का क्षेत्र और दूसरा प्रगतिवादी कहानी का क्षेत्र। दोनों ही खेमों में जीवन से कटी हुई अयथार्थमूलक कहानियों की भरमार थी। एक के प्रेरणा बिन्दु फ्रायड, एडलर और युंग जैसे मनोवैज्ञानिक थे, दूसरे के कार्ल मार्क्स जैसे चिन्तक। किन्तु यह निर्विवाद है कि दोनों ही खेमों में फार्मूलाबद्ध नारेबाजी से मुक्त कहानियों का भी दौर चल रहा था। इससे अलग हटकर भोगे हुए यथार्थ को कहानी के माध्यम से प्रकट करने वाले नये कहानीकारों का उदय हुआ। निर्मल वर्मा, रेणु, शिवप्रसाद सिंह, मार्कण्डेय, अमरकान्त, राजेन्द्र यादव, कमलेश्वर, भीष्म साहनी, मोहनराकेश आदि की कहानियों ने एक नये युग का सूत्रपात्र किया। इसे अब नई कहानी के नाम से अभिहित किया जाने लगा हैं।

प्रारम्भ में नगरकथा और ग्रामकथा का विचार चलता रहा, परन्तु दोनों ही क्षेत्रों में इन कहानीकारों ने सामाजिक बदलाव को कहानियों का विषय बनाया। सन् १९५० के आस-पास भारत की तस्वीर आज के परिप्रेक्ष्य में देखी जाय तो मानना पड़ेगा कि आजादी के लिए जो उत्साह पहले विद्यमान था, वह समाप्त हो गया था। यह एक प्रकार के आत्मान्वेषण की प्रवृत्ति का दौर था। समाज में आर्थिक वैषम्य अपनी चरमसीमा को प्राप्त कर चुका था। नगर जीवन की चकाचौंध गाँव के लोगों को अपनी तरफ आकर्षित कर रही थी। नगर और ग्राम दोनों जगहों पर अपार गरीबी और बेरोजगारी का बोलबाला था।

मूल्यों पर एक लम्बी बहस कहानी के क्षेत्र में इस बात का प्रमाण है कि पुराने जीवन मूल्य बुरी तरह से ढह चुके थे। सामाजिक और सांस्कृतिक रूप से विघटन का नया दौर शुरू हुआ। यद्यपि पंचवर्षीय योजनायें चलाई गयीं और विदेशी मदद से देश की हालत सुधारने का प्रयत्न किया गया, पर इसे तटस्थ रूप से देखें तो भयानक भिक्षाकाल कहा जा सकता है। भारत जैसे कृषि प्रधान देश की जनता के लिए जिसे रवीन्द्र बाबू ने 'मानव सागर' कहा है, विदेशों में खाद्यान्न की भिक्षा चलती रही। सामाजिक मूल्यों के विघटन का मूल कारण आर्थिक दुर्दशा और निरीहता कही जा सकती है। परिवार टूटने लगे, परिवार के बाहर कृषक मजदूर होने के लिए विवश होने लगे। ऐसी स्थितियों में जो कहानियाँ लिखी गयीं उनमें मानव मूल्यों के ह्रास का स्वर तीव्रता के साथ सुनाई पड़ने लगा। लोगों ने मूल्य वत्ता के अभाव को मूल्य मूढ़ता का नाम देना शुरू किया। इन्हीं परिप्रेक्ष्यों में नई कहानी के भीतर अस्तित्ववाद का जन्म होता है।

परम्परा से चले आते मूल्य पुराने पड़ गये। वे रूढ़ियाँ बन गये थे, नये मानवमूल्य अभी विकसित नहीं हो रहे थे, ऐसी स्थिति में कहानियों के क्षेत्र में घोर विनिपात का युग दिखाई पड़ता है। इसमें अस्तित्ववादी 'नान्यः पन्था:' (नो एक्जिट) वाली विवशता सर्वत्र दिखाई पड़ती है। इसीलिए कहानियों में इसका प्रभाव कहीं अस्पष्ट तो कहीं स्पष्ट रूप से दिखाई पड़ता है। परिणामतः जहाँ इसका प्रभाव स्पष्ट है कहानीकारों ने इसे सार्त्र, अल्बेयर कामू व काफ्का के अनुसार ही कहानी में पिरो दिया है। इस तथ्य को नई कहानी के अधिकांश लेखकों ने निःसंकोच स्वीकारा भी है। असल में दिग्भ्रमित भारतीय पीढ़ी के सम्मुख इस समय ऐसा कोई भारतीय दर्शन बचा ही नहीं था, जो समयानुकूल हो और दग्ध हृदयों पर शीतलता प्रदान करनेवाला मरहम रख सके। ऐसे में इस विदेशी दर्शन ने भारतीय बुद्धिजीवियों के हृदय को छुआ और शीघ्र ही उनके दिलोदिमाग में उतर गया तथा परिस्थितियों के तकाजे से नई कहानी पर भी छा गया।

"इसीलिए अस्तित्ववादी चिन्तन आधुनिक जीवन के संकटबोध से उत्पन्न जीवनदृष्टि है"।[१] "कितना अजीब अकेलापन है—राह है, कदम है, घर है, लेकिन कुछ भी नहीं एक विराट अनस्तित्व। अंधेरा अनिश्चय विराट अथाह और उसके समक्ष मैं निहत्था अपने अतीत और भविष्य से भी वंचित। जहाँ

१. कमलेश्वर 'राजा निरबंसिया की भूमिका।'

पहुँचा था वह डूब चुका है और जहाँ जाना है वह पता नहीं अन्धेरे के पार है भी या नहीं। एक विराट अस्तित्व शून्य''''अन्धकार शायद हम यह यात्रा जीवन भर करते रहते हैं और कितनी बार यह अस्तित्व यह शून्य हमको जीने लगता है और हम पाते हैं कि हमारा समस्त 'आस-पास उजाला, भीड़-भाड़, विज्ञान दर्शन अकस्मात अस्तित्व में लीन हो गया है।''[१] ''निःसन्देह हमारे कथा साहित्य पर अस्तित्ववाद का प्रभाव पड़ा है। इस प्रभाव ग्रहण का बहुत दुरुपयोग भी हुआ। इसका मूल कारण यही है कि इस प्रभाव को भारतीय परिवेश में कम से कम ग्रहण किया गया। वैसे पाश्चात्य साहित्य में से कुछ ग्रहण करना गलत काम नहीं है। जब संस्कृतियाँ इतने निकट आती हैं तो यह आदान-प्रदान एक सहज स्थिति बन जाती है। हाँ अन्धानुकरण करना घातक होता है........और यह अन्धानुकरण अधकचरे लेखकों में ही होता है।''[२] मुख्यतः छठवें और सातवें दशक की कहानी पर अस्तित्ववादी चिंतन के विभिन्न रूप जैसे ईश्वरीयबोध, स्वतन्त्रताबोध, सामाजिक एवं वैयक्तिकबोध, क्षणबोध, संघर्ष, निराशा, व्यथा, विसंगति. शून्यता, मृत्युबोध, यथार्थबोध आदि का प्रभाव अनेक स्तरों पर पड़ा है।''

अस्तित्ववादी चिन्तन के अनुरूप ईश्वरीय बोध के सम्बन्ध आस्थावादी एवं अनास्थावादी दोनों ही प्रकार के स्तर, नई कहानी में देखे जा सकते हैं। राजेन्द्र यादव की 'मजाक' नामक कहानी में एक पात्र कहता है—''खड़ी क्या है जाकर भगवान की प्रार्थना कर बुद्धू तू नहीं जानती तेरे ऊपर आई कितनी बड़ी मुसीबत को उन्होंने टाल दिया।'' अस्तित्ववादी दर्शन के ईश्वरीय बोध में ईश्वर को नकारने सम्बन्धी अवधारणा का प्रभाव छठवें दशक की नई कहानी पर पर्याप्त पड़ा है। राजेन्द्र यादव की कहानी 'प्रश्नवाचक पेड़' का नायक कहता है—''अगर आज ईसा हमारे बीच में होता तो हम उसकी बाहें पकड़ कर सूली पर लटका देते और फिर खुद चीखते फिरते कि उसे सूली पर लटका कर हमने ही तो भगवान बनाया वर्ना पूछता कौन उसे ?'' इसी प्रकार मन्नू भण्डारी की कहानी 'ईसा के घर इंसान' की लूसी कहती है—''मैं अपनी इस जिंदगी को अपने इस रूप को चर्च की दीवारों के बीच नष्ट नहीं होने दूँगी मैं जिन्दा रहना चाहती हूँ........मैं इस चर्च में घुट-घुट कर नहीं मरूँगी।''

ईश्वर और आराधनास्थल के प्रति क्षोभ और वितृष्णा के ऐसे स्थल इस दशक की हिन्दी नई कहानी में अनेक स्थानों पर दिखाई पड़ते हैं। ईश्वर के

---

१. धर्मवीर भारती।
२. शिवप्रसाद सिंह।

प्रति घृणा और विक्षोभ के साथ-साथ धर्म के प्रति घृणा और भाग्य के प्रति उपेक्षावृत्ति अस्तित्ववादी चिंतन की प्रमुख विशेषता है।

अस्तित्ववाद के अनुसार मानव की स्वातन्त्र्य भावना में ही उत्तरदायित्व की भावना निहित है। शिवप्रसाद सिंह की कहानी 'नन्हो' की नायिका नन्हो अपनी वर्तमान स्थिति के लिए स्वयं को ही उत्तरदायी समझती है। नन्हो सोंचती है—"झुकी हुई पलकों से घिरी इन आँखों की पीड़ा (स्वयं) उसी की उपजाई हुई है, वही दोषी है, वही अपराधी है।"

स्वतन्त्रता विषयक अस्तित्ववादी अवधारणा का नई कहानी पर पर्याप्त प्रभाव पड़ा है। मानवमूल्यों के संदर्भ में पश्चिम के अस्तित्ववादी दार्शनिक नीत्से तथा सार्त्र के विचारों का हिन्दी नई कहानी पर पर्याप्त प्रभाव पड़ा। इसी धारणा के अनुरूप छठवें दशक की नई कहानी में भी प्राचीन मूल्यों के प्रति तीव्र आक्रोश तथा नवीन मूल्यों के ग्रहण के प्रति एक प्रकार की प्यास और छटपटाहट स्पष्ट दिखाई पड़ती है। परम्परा से चले आ रहे मूल्य अब पुराने पड़ गये थे और वे रूढ़ियों के रूप में विकसित हो चुके थे। वैसे तो जीवनमूल्यों के स्रोत के विषय में अस्तित्ववाद के मूल चितकों में भो मतभेद की स्थिति है। सत्य की रक्षा में ही जीवनमूल्यों की रक्षा होती है। सत्य की रक्षा तभी सम्भव है, जब मनुष्य अपने अस्तित्व को स्वीकार करता है। सार्त्र का यह मानना है कि मानव की चयन की भावना से ही मूल्यों की रचना होती है। सार्त्र मानता है कि मानव से निरपेक्ष रहकर मूल्यों में स्वतः कोई प्रामाणिकता नहीं है।

भारत को स्वतन्त्रता प्राप्त हुई, परन्तु देश के विभाजन की शर्त पर। अपने लोगों के शासन का स्वप्न कांग्रेस के निरंतर भ्रष्ट होते जा रहे कारनामों द्वारा बुरी तरह ध्वस्त हुआ। सामाजिक जीवन और साभाजिक सोच में आमूल परिवर्तन हुए। पुरानी परम्पराओं पर से मनुष्य की आस्था डगमगाने लगी, फलस्वरूप पुरानी परम्पराएँ डगमगा कर धराशायी होती गयीं। नई परम्परा की तलाश का कार्य शुरू हुआ। यही कारण है इस कालखण्ड के अधिकांश कहानीकारों में नई परम्पराओं के प्रति एक प्यास सी दिखाई पड़ती है।

इस समय की कहानियों में पात्र प्राचीन मर्यादा और रूढ़ियों को ठोकर मारकर आगे बढ़ जाना चाहते हैं। राजेन्द्र यादव की कहानी 'प्रतिहिंसा' की नायिका कहती है—"मैं तुम्हें बता दूँ ऐसी प्राचीन रूढ़ियों को मैं ठोकर मार कर मार्ग से अलग कर दूँगी जो मनुष्य को पशु समझती हो चाहे वे

स्मृतिविहित हों या वेदविहित'' सातवें दशक की नई कहानी में भी प्राचीन मूल्यों का खण्डन और नए मूल्यों का स्वागत किया गया है। ज्ञानरंजन की कहानी 'फैंस के इधर और उधर' का नायक दो दुनियाओं में जी रहा है। एक नायक के परिवार की दुनिया है और इसी के समानान्तर एक नई दुनिया है। नायक की सहानुभूति नए परिवार के साथ है, परन्तु वह अपने पुराने संस्कारों से भी पूर्णतः मुक्त नहीं है, लेकिन ऐसे अवसरों पर वह स्वयं अपने प्रति भी निर्मम हो जाता है। समय के तकाजे के बावजूद सातवें दशक की अपेक्षा छठवें दशक में ये तल्खी कहीं अधिक उभर कर आई है। अमरकांत के कहानी संग्रह 'जिन्दगी और जोक' की अधिकांश कहानियाँ बदलते मूल्यों के जाल में फड़-फड़ाती, अपनी पहचान बनाने में व्यस्त दिखाई पड़ती हैं। जिन्दगी और जोंक, इंटरव्यू, एक असमर्थ हिलता हाथ आदि कहानियों में बड़े ही शसक्त तरीके से अन्धविश्वासों, रूढ़ियों, आधुनिक विसंगतियों पर मार्मिक व्यंग्य किये गये हैं।

नई कहानी पर सामाजिक और वैयक्तिक बोधवाली अस्तित्ववादी चिन्तन प्रणाली का भी पर्याप्त प्रभाव पड़ा है। अस्तित्ववादी चिन्तन के अन्तर्गत यद्यपि व्यक्तिप्रतिष्ठा या व्यक्तिस्वातंत्र्य पर जोर दिया गया है, तथापि समाज के महत्व एवं उसकी आवश्यकता को अनदेखा भी नहीं किया गया है। इसके अनुरूप इस दशक के कहानीकारों ने अपनी अनेक कहानियों में इस विषय को स्थान दिया है। असल में इस दशक के कहानीकारों में तीन प्रकार की प्रवृत्तियाँ दिखाई पड़ती है। प्रथम वर्ग उन कहानीकारों का है, जिन्होंने मूलतः सामाजिकबोध को ही अपनी कहानियों में स्थान दिया है। इन कहानी लेखकों में फणीश्वर नाथ रेणु, मार्कण्डेय, शैलेश मटियानी और भीष्म साहनी को रखा जा सकता है। दूसरे वर्ग के लेखकों ने मूलतः व्यक्ति बोध को अपनी कहा-नियों में स्थान दिया है, इसमें निर्मल वर्मा और मन्नू भण्डारी प्रमुख हैं। तीसरे वर्ग के कहानीकारों ने समष्टि से व्यष्टि की तरफ दृष्टि रखी है इन कहानीकारों में शिवप्रसाद सिंह, मोहन राकेश, राजेन्द्र यादव, कमलेश्वर और उषा प्रियंवदा प्रमुख है।

व्यक्ति का अपना स्वतन्त्र अस्तित्व भले ही हो, समाज उसके लिए अनि-वार्य है। ''व्यक्ति का अस्तित्व समाज से बाहर तो है नहीं।''[१] ''उसे जिन्दा रहने के लिए और भीड़-भब्बड़ चाहिए।''[२] इसके बावजूद 'धागे, से लटकते निर्मल वर्मा जैसे लोगों ने व्यक्ति-स्वातन्त्र्य की खूब वकालत की है। उनका

१. धर्मवीर भारतीः 'चाँद और टूटे हुए लोग।'
२. कमलेश्वरः 'राजा निरबंसिया।'

कहना है—"लगता है वह ही सब कुछ है मैं उसके सामने कुछ भी नहीं हूँ। यह उसका बड़प्पन नहीं है।"[१]

"अस्तित्ववादी दर्शन में क्षण-क्षण को महत्व दिया गया है। प्रत्येक मनुष्य अपने जीवन के क्षण-क्षण को जीता एवं भोगता है। हिन्दी नई कहानी पर अस्तित्ववाद के इस क्षणबोध का पर्याप्त प्रभाव पड़ा है। वह मानता है कि जीवन के प्रत्येक क्षण में हमें प्रयत्न करना चाहिए।"[२] "जीवन के अमूल्य क्षण मनुष्य को व्यर्थ न गँवा देना चाहिए। देखो संसार में इतना सौन्दर्य और ज्ञान बिखरा पड़ा है कि उसे देखने समझने के लिए" जिन्दगी में पर्याप्त समय नहीं है।[3] "जो सामने है जो क्षण हम जीते हैं उससे बड़ा सत्य और कोई हो सकता है ? हम प्रत्येक क्षण बोल कर, हाथ हिला-हिला कर, दृष्टि निक्षेप कर, एक सृष्टि रच रहे होते हैं।"[४] मनुष्य के जीवन में किस पल किस क्षण क्या घटित हो जाय इसका अनुमान लगाना कठिन है। अतः मनुष्य को प्रत्येक क्षण को दृष्टि में रखकर आगे बढ़ना चाहिए। जैसे इन्सान की जिन्दगी में कभी-कभी एक क्षण आकाश से उतरता है, चमकता हुआ सौभाग्य क्षण, उज्वल झिलमिलाता हुआ क्षण आकाश से सारे वक्त ऐसे क्षण उतरते रहते हैं जिस किसी पर पड़ जाते हैं उसका जीवन खिल उठता है।[५] ऐसे क्षण के महत्व कमलेश्वर की 'साँप' मन्नू भण्डारी की 'यही सच है' उषा प्रियंबदा की 'पूर्ति' आदि कहानियों में मिलते हैं।

कर्म एवं संघर्ष बोध को अस्तित्ववादी चिन्तन में विशिष्ट स्थान दिया गया है। नयी कहानी के लगभग सभी पात्र प्राचीन जीवन मूल्यों, आदर्शों एवं आस्थाओं का घोर विरोध करते हैं और अपने कर्म एवं संघर्ष के बल पर नये मूल्यों को ग्रहण करते दिखलाई पड़ते हैं। सातवें दशक के कथाकारों ने मानव जीवन में कर्म और संघर्ष की महत्ता के अस्तित्ववादी दर्शन को अपनी कहानियों में विशेष महत्व प्रदान किया है। "शक्ति को लेकर ही तो शिव शिव है और उनमें साहस है कि वे कालकूट पचा सकें। कर्म के अभाव में मनुष्य एक प्रकार की घुटन का अनुभव करता है। मनुष्य कही न कहीं यह सोचता अवश्य है कि उसे जीवन में सुख वासना और धन नहीं चाहिए। तो फिर क्या ? वह

---

१. निर्मल वर्मा: 'पिछली गर्मियों में।'
२. राजेन्द्र यादव: 'खेल खिलौने।'
३. सोमा वीरा: 'दो आँखों वाले चेहरे।'
४. नरेश मेहता: 'एक समर्पित महिला।'
५. भीष्म साहनी : 'पटरियाँ।'

कुछ क्या है जो उसकी आत्मा में नासूर सा रिसता रहता है। अपना उपचार माँगता है। शायद काम ! हाँ यही बिल्कुल यही जो उसके जीवन की घड़ियों को निपट सूना न छोड़े, जिसमें वह अपनी शक्ति लगा सके, अपना मन डुबा सके, अपने को सार्थक अनुभव कर सके चाहे उसमें सुख हो या दुःख अरक्षा हो या सुरक्षा, शोषण हो या पोषण····उसे सिर्फ काम चाहिए करने के लिए कुछ चाहिए। यही तो उसकी प्राकृतिक आवश्यकता है····पहली और आखिरी माँग है। वह उस घर का है जो सिर्फ काम करना जानता है। काम ही जिसकी आस है। सिर्फ वह काम चाहता है काम।"[१] कमलेश्वर की कहानी 'राजा निरबंसिया' के इस उद्धरण की तुलना सार्त्र के कर्म सिद्धान्त से की जा सकती है।

"यदि मनुष्य को अपने कर्म पर अटूट विश्वास है तो वह जीवन में आये बड़े से बड़े व्यवधान को भी बड़ी आसानी से पार कर सकता है। सहारा उसे चाहिए जो अपने आप को अबला समझे ! मैं सबला हूँ मुझे किसी का सहारा नहीं चाहिए।"[२]

सातवें दशक की नयी कहानी में क्षणबोध के महत्त्व का पर्याप्त प्रतिपादन किया गया है। रवीन्द्र कालिया के अनुसार जिन्दगी को क्षण में जिया और व्यंग्य के माध्यम से उरेहा जा सकता है। सातवें दशक की नयी कहानियों में अस्तित्ववादी चिन्तन के कर्म एवं संघर्षबोध को अनेक प्रकार से अभिव्यक्ति दी गयी है। "मुझे क्या होनाहै यह तो बड़ा साफ नहीं है हेडमास्टर साहब मगर यह जानता हूं कि मुझे वह होना अवश्य है जो अभी नहीं है"।[३] जब मनुष्य अपने कर्मों द्वारा अपने अस्तित्व को सार प्रदान करना आरम्भ कर देता है तो अस्तित्व को सार प्रदान करने का यह संघर्ष कभी समाप्त नहीं होता।

ज्ञानरंजन की कहानी 'आत्महत्या' में भी मनुष्य को अपने अस्तित्व को जानने तथा कर्म करके स्वतन्त्र रूप से जीने की प्रेरणा दी गयी है। इस दशक की अधिकांश कहानियों पर सार्त्र के कर्मसिद्धान्त का प्रभाव पड़ा है।

अस्तित्ववादी दर्शन के अनुसार मानव-जीवन में व्यथा, वेदना, पीड़ा, निराशा, शून्यता, एकाकीपन का महत्त्वपूर्ण स्थान है। नयी कहानी में भी अस्तित्ववादी चिन्तन के अनुरूप निराशा व्यथा, विसंगति, शून्यता आदि बोधों का प्रभाव स्पष्ट दिखलाई पड़ता है। "वह जिन्दगी से तटस्थ हो चुका था। जीवन और

---

१. कमलेश्वर : 'राजानिरबंसिया।'
२. मन्नू भण्डारी : 'जीती बाजी की हार।'
३. रामदरश मिश्र : 'खाली घर'।

मौत एक सी है। उसका दर्द और औरत का दर्द एक है। किसी न किसी गहराई में उतर कर तमाम जिन्दगी एक है। अगर वह मर जाय तो औरत को और औरत मर जाय तो उसको अपने दर्द से छुटकारा मिल जाय।"[१] धर्मवीर भारती की कहानियों धुंवा, मरीज नम्बर सात और चाँद और टूटे हुए लोग में इसी मानवीय दुःख का वर्णन है। दुःख को स्वीकार लेने पर ही दुःख से छुटकारा मिल सकता है। शून्यता की स्थिति में या तो मनुष्य स्वयं शेष संसार से दूर होता चला जाता है या शेष संसार उससे दूर होता प्रतीत होता है।

मोहन राकेश की भी कई कहानियों में इसशून्यता को स्थिति का वर्णन है। इन कहानियों पर 'हेडगर' के शून्यवाद का गहरा प्रभाव दिखलाई पड़ता है। यही प्रभाव सातवें दशक के नई कहानो पर भी दिखलाई पड़ता है। इन कहानियों में भी निराशा, व्यथा, वेदना, पीड़ा, संत्रास, एकाकोपन, विसंगति, शून्यता जैसे अस्तित्ववादी प्रत्ययों का स्पष्ट प्रभाव पड़ा है। आज-कल परिवार में व्यक्ति किस प्रकार अजनबी बन जाता है और एकाकीपन में घुटनयुक्त जीवन व्यतीत करता है। इसको ज्ञानरंजन की कहानी 'शेष होते हुए' में मार्मिक अभिव्यक्ति हुई है। 'फेंस के इधर और उधर' नामक कहानी में दो पीढ़ियों के अन्तर और मुख्यतः अजनबीपन की अनुभूति को व्यक्त किया गया है।

छठवें दशक की 'नयी कहानी' में कमलेश्वर को कई कहानियाँ शून्यता निराशा, व्यथा और एकाकीपन को लेकर लिखी गयी हैं। 'सीखचे' नामक कहानी में शून्यता की स्थिति है तो दूसरी तरफ "खाट पर पड़े-पड़े उसके चारों ओर एक मोहक भयावना सा जाल फैल गया। लेटे लेटे उसे लगा जैसे उसका स्वयं का आकार बहुत क्षीण होता होता बिन्दु सा रह गया। पर बिन्दु के हाथ थे पैर थे और दिल की धड़कन थी। कोठरी का घुटा-घुटा सा अंधियारा मटमैली दीवारें और गहन गुफाओं सी आलमारियाँ जिनमें से बार-बार कोई झाँक कर देखता था और वह सिहर उठता था फिर जैसे सब कुछ तब्दील हो गया हो.... उसे लगा कि उसका आकार बढ़ता जा रहा है। वह मनुष्य हुआ लम्बा तगड़ा तन्दुरुस्त पुरुष हुआ। उसके हाथ शरीर के अनुपात से बहुत बड़े डरावने और भयानक हो गये....उनमें लम्बे-लम्बे नाखून निकल आये....वह राक्षस हुआ दैत्य हुआ....आदिम बर्बर।"[२]

इस विराट संसार में इस अपार जनसमुद्र में एकाकीपन और अजनबीपन का एहसास अस्तित्ववादी चिन्तन का प्रमुख अंग है। छठवें दशक की 'नयी

---

१. धर्मवीर भारती 'चाँद औरटूटे हुए लोग'।

२. कमलेश्वर : 'मेरी प्रिय कहानियाँ'।

कहानी' में इस एकाकीपन और अजनबीपन का खूब वर्णन मिलता है। कमलेश्वर की कहानी 'खोई हुई दिशाएँ' में इस एकाकीपन और अजनबीपन को पूरी सफलता से चित्रित किया गया है। कहानी का नायक चन्दर सोचता है—और यह राजधानी जहाँ सब अपना है, अपने देश का है....पर कुछ भी अपना नहीं है अपने देश का नहीं है। रेगिस्तान, अनजाने सागर-तट, खामोशी, सूनापन आदि शब्द पूरी कहानी में अपनी अर्थवत्ता के साथ मौजूद हैं।

मन्नू भण्डारी की कहानियों में नारी जीवन की घुटन, टूटन, शून्यता और विसंगतियों का सफल चित्रण हुआ है। मन्नू भण्डारी की अधिकांश कहानियों को पढ़ने पर यह साफ-साफ दिखाई पड़ता है कि उनके ऊपर अस्तित्ववादी चिंतन का प्रभाव पड़ा है।

"कम्मो सभी प्रकार के सुख-समृद्धि के बावजूद अपने पति की अत्यधिक व्यस्तता के कारण स्वयं को दुःखित, पीड़ित, शून्य तथा एकाकी महसूस करती है। उसे लगता है कि थोड़े ही दिनों में दुनिया का सारा रस सूख जायेगा। कितनी ही बार उसे ऐसा लगता था कि एक दिन जब वह उठेगी तो देखेगी कि घड़े का पानी, ग्लास का दूध सब जम गया है। घर में कहीं तरलता नहीं है, सब कुछ ठोस हो गया है। एक दम जड़।....क्यों नहीं हो जाता ऐसा ? जिस दिन भी ऐसा हो जायेगा। वह भी जड़ हो जायेगी तभी शायद इस यातना से भी मुक्ति मिलेगी।"[१] ये आज हर मनुष्य की नियति सी होती जा रही है दुःख की अधिकता इससे कातर हो मृत्यु की अभिलाषा।

छठवें और सातवें दशक के किसी एक कहानीकार पर अस्तित्ववादी दर्शन का व्यापक प्रभाव देखना हो तो यह प्रभाव निर्मल वर्मा की कहानियों में देखा जा सकता है। निर्मल वर्मा को हम उन लेखकों की कोटि में रख सकते हैं, जो विदेशों में अपनी प्रेरणा का स्रोत खोजते हैं। भारतीय जीवन पद्धति उनके लिये उपेक्षणीय है निर्मल वर्मा की कहानियों के चरित्रों पर सार्त्र और कामू के विचारों का प्रबल प्रभाव है।। निर्मल वर्मा जैसे लोग रहते भारत में हैं लेकिन स्वप्न वे लंदन और पेरिस का देखते हैं। अतः यदि हम निर्मल वर्मा की कहानियों को विदेशी कहानियों का अनुवाद मात्र कहें तो गलत न होगा। निर्मल वर्मा के तीनों कहानी संग्रह परिंदे', 'जलती झाड़ी' और 'पिछली-गर्मियों में' की अधिकांश कहानियाँ जीवन से पलायन घोर आत्मपरकता, शून्यता एकाकीपन, घुटन, कुंठा, निराशा आदि अस्तित्ववादी अनुभूतियों से भरी पड़ी हैं।

---

१. मन्नू भण्डारी 'बाहों का घेरा'।

'दहलीज' नामक कहानी की रूनी कहती है—"नीरू बत्ती बुझा दे उसने संयत निर्विकार स्वर में कहा, देखती नहीं मैं मर गयी हूँ।" इसी प्रकार 'परिंदे' कहानो की नायिका लतिका के माध्यम से अकेलेपन और सूनेपन की अभिव्यक्ति हुई है। 'सितम्बर की एक शाम' और 'माया का मर्म' नामक कहानियों में बेरोजगारी से उत्पन्न जिन्दगी की व्यापक निरर्थकता अभिव्यक्त हुई है।

उषा प्रियंवदा के तीन कहानी संग्रह प्रकाशित हो चुके हैं। 'फिर बसन्त आया', 'जिन्दगी और गुलाब के फूल' तथा 'एक कोई दूसरा' प्रियंवदा की कहानियों की दुनिया उपेक्षा, असफलता, सूनेपन, उबन आदि सहते पात्रों की दुनिया है।

अस्तित्वादी चिन्तन में मृत्युबोध का महत्वपूर्ण स्थात है। यह प्रश्न सीधे-सीधे मानवीय अस्तित्व से जुड़ा हुआ है। छठवें दशक की 'नई कहानी' में जहाँ भी मृत्युबोध से सम्बन्धित स्थल मिलते हैं उन सभी पर सार्त्र, कामू और नीत्से के अस्तित्ववादो चिन्तन का प्रभाव साफ-साफ परिलक्षित होता है। "प्रत्येक मनुष्य मरने के लिये ही पैदा होता है। चाहे वह आज हो या दो-चार वर्ष पश्चात्।"[१] "सतवन्ती तो गुजर गयी"[२] मनुष्य जन्म लेता है, फलतः मरता भी है। परन्तु इसका यह अर्थ कदापि नहीं है कि मृत्यु के डर से मनुष्य अपने अस्तित्व से ही विमुख हो जाय।

सातवें दशक के कहानीकारों ने भी मृत्युबोध के अस्तित्ववादी स्वरूप को नये आयाम दिये हैं। ज्ञानरंजन की कहानी 'दिलचस्पी' में एक पात्र कहता है—"और हाँ तुम नहीं जानते होंगे सामने के घोष बाबू बेचारे गुजर गये बड़े भले आदमी थे राम-राम।" इस दशक की कुछ कहानियों में तो मृत्यु जैसे गम्भीर मसले को निहायत फूहड़ ढंग से प्रस्तुत किया गया है। गंगाप्रसाद विमल की कहानी 'दूसरा दिन' में केलि-क्रीड़ा रत पति-पत्नी को पत्नी के बाप की मृत्यु की सूचना मिलतो है। परन्तु वे अविचलित अपने काम में मस्त रहते हैं। सुधा अरोड़ा की कहानी 'मरी हुई चीज' पानू खोलिया की कहानी 'फ़र्क' तथा दूधनाथ सिंह की कहानी 'सपाट चेहरे' में मृत्युबोध अनेक स्तरों पर अभिव्यक्त हुआ है।

छठवें दशक में कमलेश्वर की एक कहानी 'दिल्ली में एक मौत' में सेठ दीवानचन्द्र की मृत्यु हो जाती है। मृत्यु होने से लेकर शव के जलकर राख हो जाने तक के मध्य सेठ के नाते, रिश्तेदार, मित्रादि बड़ी ही तटस्थता से अपना-

---

१. राजेन्द्र यादव : 'अंगारों का खेल'।

२. कमलेश्वर : 'एक रुकी हुई जिन्दगी'।

अपना काम करते जा रहे हैं। साथ ही साथ सेठ की मृत्यु पर शोक प्रकट कर औपचारिकता भी निभा रहे हैं। इधर सेठ की लाश चिता पर जल रही है उधर उनके मित्रगण सिनेमा देखने का प्रोग्राम बना रहे हैं।

मृत्युबोध को लेकर मन्नू भण्डारी की कहानी 'श्मशान' में बड़ी नाटकीय अभिव्यक्ति हुई है। कथा नायक की पत्नी की मृत्यु हो जाती है। श्मशान जाकर वह भयभीत हो जाता है कि अब वह बेचारा भी मर जायेगा। श्मशान भी सोचता है कि जीवन साथी के बिना हो सकता है अगली लाश उसी की आये परन्तु वह व्यक्ति स्वयं तो नहीं मरता अपितु बाद में समय-समय पर तीन अन्य शवों को अवश्य श्मशान पहुँचाने आता है। मृत्युबोध को लेकर नरेश मेहता ने 'एक शीर्षक हीन स्थिति' सोमा वीरा ने 'ठण्डी आँखें' नामक प्रसिद्ध कहानियाँ लिखी हैं।

छठें और सातवें दशक की उपरोक्त 'नई कहानी' को देखते हुए यह निःसंकोच कहा जा सकता है कि इन दो दशकों में हिन्दी 'नई कहानी' पर अस्तित्ववाद का प्रत्यक्ष प्रभाव पड़ा है। यह प्रभाव कहानीकारों के ऊपर पाश्चात्य अस्तित्ववादी चिन्तकों के विचारों के रूप में पड़ा और अलग-अलग परिस्थितियों में भिन्न-भिन्न रूप लेकर उनकी कहानियों में अभिव्यक्त हुआ। 'नई कहानी' के अधिकांश लेखकों (जिनकी कहानियों पर अस्तित्ववादी चिन्तन का प्रत्यक्ष प्रभाव पड़ा) ने स्वयं को अस्तित्ववादी दर्शन से प्रभावित माना है। इन लेखकों में भी मोहन राकेश, निर्मल वर्मा, मन्नू भण्डारी, कमलेश्वर, उषा प्रियंवदा, सोमा वीरा आदि पर अस्तित्ववाद का प्रत्यक्ष प्रभाव दिखाता है, जबकि धर्मवीर भारती, शिवप्रसाद सिंह, अमरकान्त, भीष्म साहनी आदि कहानीकारों पर अस्तित्ववाद का अप्रत्यक्ष प्रभाव दिखलाई पड़ता है। परन्तु यह बात तो निर्विवाद सत्य है कि प्रस्तुत दोनों दशकों में रचित अधिकांश कहानियाँ अस्तित्ववादी दर्शन से प्रभावित हुई।

●

लोहिया की चिंता

किसी पराधीन देश का समस्त मानस स्वतन्त्र होने के लिए आकुल हो जाता है तब उसके मानस मंथन से ऐसे सांस्कृतिक व्यक्तित्व उत्पन्न होते हैं जो क्रान्ति द्रष्टा होने साथ-साथ अग्नि-दीक्षित भी होते हैं। स्वभावतः उनमें देश की स्वतंत्रता के अतिरिक्त किसी अन्य महत्वाकांक्षा का अंकुर नहीं जम पाता, न उन में शासन या पदों की इच्छा होती है न व्यक्तिगत सुख सुविधा का आकर्षण।

हमारे स्वतन्त्रता के संघर्ष में ऐसे अग्नि-दीक्षित व्यक्तित्व उद्भूत हुए जिनको हमने केवल राजनीति में सीमित करके ही देखा और उनके अन्य पक्षों को अपने अज्ञान के अन्धकार में रहने दिया। डा० राममनोहर लोहिया उन्हीं में से एक थे।

आज से ५४ वर्ष पहले १९३४ में कांग्रेस के अन्दर ही कुछ वामपंथी नवयुवकों ने सोशलिस्ट पार्टी की स्थापना की थी, राममनोहर लोहिया भी उनमें से एक थे। समाजवादियों ने जब १९४८ में कांग्रेस को छोड़ने का निर्णय लिया तो आचार्य नरेन्द्र देव, जयप्रकाश नारायण, अशोक मेहता, अरुणा आसफ अली एवं अच्युत पटवर्धन के साथ लोहिया ने भी कांग्रेस पार्टी से त्यागपत्र देकर सोशलिस्ट पार्टी का गठन किया परन्तु परिस्थितियों के तकाजे से समाजवादी आंदोलन के कई नेता पुनः कांग्रेस पार्टी में वापस चले गये और अकेले राममनोहर लोहिया ने कांग्रेस की कुरीतियों के विरुद्ध संघर्ष जारी रखा।

समाजवाद के विषय में 'भारत में समाजवाद'[1] नामक लघुपुस्तिका में लोहिया ने अपने विचार प्रकट किये हैं। लोहिया गान्धी जी के विचारों एवं उनके कार्यों को भारत में समाजवाद के उदय के रूप में मानते हैं। लोहिया का कहना है कि 'समाजवाद को सिर्फ एक खास मतलब का समाज-सुधार समझना गलत होगा।'[2] एक तरफ तो लोहिया गान्धी के कार्यों को समाजवाद का आरंभ मानते हैं, वहीं वे कहते हैं कि समाजवाद को मात्र खास तरह का समाजसुधार समझना गलत है। क्या गान्धी जी भारत में एक खास तरह का समाज सुधार ही नहीं चला रहे थे? फिर इटली और फ्रांस में ईसाई समाजवाद के परिणाम स्वरूप मजदूरों एवं दलितों के जीवन स्तर को बेहतर बनाने के बावजूद लोहिया इसे पूँजीशाही के बुनियादी तरीके एवं जड़ों को गहरा बनाने वाला कदम मानते हैं। वे इसी तर्क से सर्वोदयी विचारधारा को भी 'बीसवीं सदी का सबसे बड़ा ढकोसला' मानते हैं। उन्होंने मार्क्सवाद द्वारा सूत्रबद्ध 'रूढ़िगत समाजवाद' को

अस्वीकार किया और दूसरी तरफ कांग्रेस द्वारा प्रवर्तित 'सरकारी समाजवाद' का भी जबर्दस्त खण्डन किया। वे अपने ही किस्म के हिन्दुस्तानी समाजवाद के बारे में आजीवन चिन्तन करते रहे। यह चिन्तन बहुत सुसंगत रूप से सूत्रबद्ध तो नहीं है पर उसके कुछ बीज अवश्य संचित किये जा सकते हैं। उन्होंने जनवाद या लोकतन्त्र सम्बन्धी अपनी समझ और व्यवहार को इसी समाजवाद के परिप्रेक्ष्य में परिचालित किया।

उनके चिन्तन में जो सर्वप्रमुख मूल्य है वह है समता। वे गरीबी-अमीरी की गैर-बराबरी को दिल से नफरत करते हैं और उसे दूर करना मनुष्य का ध्येय मानते हैं। उन्हीं के शब्दों में, 'प्रकृति का नियम जो भी हो, मनुष्य का नियम चाहिए—समता।[३] वे प्रभु देशों और दबे हुए देशों के बीच, शहरी लोगों और देहाती किसानों के बीच गैरबराबरी की गहरी खाई को लक्षित करते हैं और उसे दूर करने के लिए पूरी तरह बदलाव पर जोर देते हैं और 'राहत की राजनीति' या 'बख्शीश' या 'सुधार' का विरोध करते हैं। लोहिया जी के विचार से 'जो समाज बहुत गरीब बन जाता है, उसमें बराबरी की भूख उतनी जल्दी नहीं लगती है क्योंकि उसकी इच्छा और उद्देश्य प्रायः केवल पेट भरने का हो जाता है या पेट भरने से थोड़ा ज्यादा हो जाता है। इसलिए हिन्दुस्तान जैसे देश में साधारण जनता यानी गरीब आदमी क्रान्ति को इतना नहीं समझेगा जितना कि राहत वाली राजनीति को। वह बराबरी को इतना नहीं समझेगा जितना कि बख्शीश को।[४] वह चाहते हैं कि 'हर देश में रोजगारी ऐसी हो कि मेहनत की पैदावार करीब-करीब बराबर हो। तब दो या अधिक देशों के व्यापार से सबको फायदा होगा। वर्ना संसार में आज जितना व्यापार हो रहा है, उसमें जबरदस्त लूट है।'[५] वे पूँजीवादी देशों द्वारा गरीब देशों की दी जानेवाली मदद को भी एक चालाक किस्म की 'लूट' मानते हैं।

उनके चिन्तन में दूसरा मुद्दा जो महत्व धारण करता है वह है ऊँची जाति और छोटी जाति की गैरबराबरी। इस जांत-पांत के रोग को वे तथाकथित सभ्य यूरोप में रेखांकित करते हैं। उनके विचार से 'वर्ग है ढीली जाति और जाति है जकड़ा हुआ वर्ग।'[६] ढीली जाति या वर्ग का अस्तित्व वे पूरे संसार में मानते हैं। उनका मत है कि अगर जाति प्रथा को समाप्त कर दिया जाय तो वर्गों का भी खात्मा हो जायेगा, 'इस मामले में जो देश सबसे ज्यादा पतित है, मतलब अपना देश, वही इस मामले को आज अच्छी तरह समझते हुए जाति के बिल्कुल आमूल खात्मे की तरफ बढ़े तो अच्छा। वह किस्सा मशहूर है कि चाणक्य ने मट्ठा पिलाया दूब को, उसी तरह से अगर जाति को मट्ठा पिला दिया

गया तो सम्भवतः हम लोग कोई ऐसी कार्यवाही निकाल पाएँगे जिससे जाति और वर्ग दोनों का खात्मा हो जाए।[७]

लोहिया जी के चिन्तन में नर-नारी सम्बन्धी गैरबराबरी का सवाल बड़े भारी महत्व का है। इस समस्या पर भी वे पूरी दुनिया को सामने रख कर सोचते हैं और सुझाते हैं कि लिंग-सम्बन्धी असमानता को दूर करने का एक उपाय है शूद्रों, हरिजनों, आदिवासियों या धार्मिक अल्संख्यकों की भाँति स्त्रियों के लिए विशेष अवसर प्रदान करना या विशेष आरक्षण की व्यवस्था। इस सिल-सिले में वे नर-नारी की नैसर्गिक असमानता को भी मद्दे-नजर रखते हुए कहते हैं, 'विशेष अवसर दिये बिना ये ऊँचे उठ नहीं सकते। यह सृष्टि रहेगी तब तक थोड़ा बहुत देना पड़ेगा क्योंकि शरीर संगठन के मामले में मर्द के मुकाबले में औरत कमजोर है और मालूम होता है कि कुदरती तौर पर कमजोर है। इस-लिए उसे कुछ स्वाभाविक तौर पर ज्यादा स्थान देना ही पड़ेगा।'[८] वे इस प्रश्न पर आजीवन बल देते रहे और उनका यह स्पष्ट मत है कि 'नर और नारी की गैरबराबरी को खत्म किये बिना, मेरी समझ में दूसरी भी गैरबराबरी खत्म करना असम्भव है....।[९]

चौथा मुद्दा है रंगभेद का। इस प्रश्न पर सोचते हुए लोहिया जी सारी दुनिया के देशों पर नज़र रखते हैं और आधुनिक सौन्दर्य शास्त्र के प्रतिमानों या मूल्यों का जोरदार समर्थन करते हैं। इस मामले में वे एक उदार उज्ज्वल मानवतावादी ही नहीं, सौन्दर्यशास्त्र के एक वैज्ञानिक चिन्तक भी मालूम पड़ते हैं। वे काले सौन्दर्य, मसलन नीग्रो औरतों के सौन्दर्य की खूबियाँ दिखाते हुए कहते है, 'असल में हमारे दिमाग में नाक, कान और आँख के बारे में पहले से ही भ्रांत धारणाएँ बन गयी हैं। इन धारणाओं को खत्म करके सचमुच सुन्दरता को दृष्टि से देखना चाहिए।'[१०]

लोहिया जी का एक और सपना है—दुनिया को हथियार-शून्य देखना। यहाँ वे हथियारों के मुकाबले सत्याग्रह की ताकत को खड़ा करते हैं। उनकी समस्या है कि सच को कैसे मज़बूत बनाया जाए ?' परम्परागत तरीका हथियार वाला रहा है लेकिन जैसे ही हथियार के सहारे सच को मजबूत बनाया जाता है, वह झूठ बन जाता है, उसका स्वरूप बदल जाता है। इसलिए कोई ऐसा अस्त्र ढूंढना चाहिए जो सच को मजबूत बनाए। लेकिन उसे झूठ का रूप न दे और मेरी समझ में वह केवल सत्याग्रह है।'[११] अपने इस विचार को लोहिया जी 'तर्क' पर आधारित करते हैं। आधुनिक समाज 'रेजां' या 'तर्क' पर आधारित है, लेकिन केवल तर्क कमजोर है क्योंकि हथियारों की ताकत उसे खत्म कर देती

है। इसलिए वे तर्क को ताकत देने के लिए सत्याग्रह का रास्ता सुझाते हैं, 'तर्क को कोई ऐसी ताकत मिलनी चाहिए जो पशुबल न हो, हिंसा न हो, लेकिन एक हिंसक के मुकाबले में उस तर्क को खड़ा कर सके और वह वही ताकत है कि हम तुमको मारेंगे भी नहीं मगर तुम्हारी बात मानेंगे भी नहीं।.....जब आदमी डंडा या अणु बम देखता है तो डर कर भाग जाता है या झुक जाता है। इसी झुक जाने के कारण पशुबल जीत जाया करता है। लेकिन अगर तर्क झुके नहीं, मुकाबला कर जाए प्रतिद्वन्द्वी का, उसको मारे नहीं मगर उसकी बात माने नहीं, आज्ञाकारी न हो, सिविल-नाफरमानी करे।'[१२]

लोहिया जी व्यक्ति की स्वतन्त्रता को, उसके विचारों और अभिव्यक्ति की स्वतन्त्रता को बहुत महत्व देते हैं और उसमें राजनीति या राज्य के हस्तक्षेप का निषेध करते हैं। उन्हीं के शब्दों में, 'जीवन के ऐसे कुछ दायरे होने चाहिए कि जिनमें राज्य का, सरकार का, संगठन का, गिरोह का दखल न हो। जिस तरह हमारी ज़मीन की बेदखलियाँ हो जाती हैं, उसी तरह सरकार और राजनीतिक पार्टियाँ हमारे जीवन में बेदखली कर डालती हैं।'[१३] इसके पीछे उनका तर्क है कि व्यक्ति को अपनी जिन्दगी स्वतन्त्रतापूर्वक जीने और सँवारने का प्रश्न 'माँग' का प्रश्न नहीं, बल्कि 'अधिकार' का प्रश्न है। उन्हीं के शब्दों में, 'राज्य या राजनीतिक पार्टी को व्यक्ति के जीवन में दखल देने का अधिकार नहीं होना चाहिए। हर एक व्यक्ति को एक हद तक अपने जीवन को अपने मन के मुताबिक चलाने का अधिकार होना चाहिए।'[१४]

इसी तर्क योजना के अनुसार चल कर उन्होंने भारतीय जनतन्त्र के भीतर एक उदार और सुसंगत परम्परा बनाने के लिए बार-बार कांग्रेस और खासकर नेहरू की नीतियों का विरोध किया। वे अर्थ व्यवस्था के बड़े-बड़े प्रश्नों से लेकर संसदीय कार्यप्रणाली की छोटी-छोटी बातों तक में स्वस्थ जनतान्त्रिक परम्परा का विकास होते देखना चाहते थे। इसलिए वे 'दब्बूपने' का विरोध करते हैं और अपने देश को अपनी भाषा में बोलने का अधिकार लेने के लिए आन्दोलन संचालित करते हैं। भारत की भाषा समस्या के बारे में उनके चिन्तन का सार-सूत्र है—अंग्रेजी के वर्चस्व का खात्मा और भारतीय भाषाओं का उत्थान। वे अंग्रेजी भाषा के 'ज्ञानार्जन' के विरोधी नहीं, बल्कि उसके 'बलपूर्वक आरोपण या 'वर्चस्व' के विरोधी हैं। वे एक दूरदर्शी चिन्तक की भाँति हथियार-शून्य दुनिया का सपना देखते हैं और 'चौखम्भा राज' तथा 'विश्व-सरकार' का सपना देखते और दिखाते हैं। उनके चिन्तन में जनतन्त्र की स्वस्थ अवधारणाओं और समाजवाद की रचनात्मक विचार परम्पराओं का अद्भुत मेल दिखाई पड़ता है।

कांग्रेस के प्रति हुए मोहभंग से जहाँ विरोधी दलों को इसका फायदा उठाना चाहिए था वहीं वे आपसी कलह में उलझे रहे वामपंथी दल एक दूसरे से परस्पर अलग-अलग परस्पर शत्रु भाव रखते थे। प्रजा सोशलिस्ट, संयुक्त सोशलिस्टों से अलग हैं तो कम्युनिस्ट पार्टी के दल फूट के लिये एक दूसरे को जिम्मेदार ठहराते हैं। नतीजा यह कि सर्वहारा भी पूरी तरह से संगठित नहीं हैं। मजदूर असंगठित हैं जो थोड़े-बहुत संगठित भी थे तो उनमें से बहुत से अभी भी कांग्रेसी प्रभाव में थे। किसानों का संगठन नहीं के बराबर था।

देश को स्वतन्त्रा दिलाने का दावा करने वाली और स्वयं को भारत की एक मात्र राष्ट्रीय पार्टी मानने वाली कांग्रेस पार्टी पूरी तरह से पूँजीपतियों और राजा महाराजाओं की पार्टी बन चुकी थी। अकाल और भूखमरी से त्रस्त हिन्दुस्तान कांग्रेस पार्टी के नेतृत्व में हाथ में भीख मांगने का कटोरा लिये कभी अमेरिका के सामने खड़ा होता तो कभी ब्रिटेन के पिट्ठू राष्ट्रमंडल के शामने, कभी-कभी हाथ का कटोरा रूस के सामने भी बढ़ा दिया जाता था। ऐसे समय में भारतीय राजनीति में एक ऐसे नेता का प्रभाव पड़ रहा था जो इन सभी समस्याओं के प्रति एक हद तक सुलझी हुई दृष्टि रखता था। वह नेता थे डा० राममनोहर लोहिया।

तात्कालिक देश और समाज के प्रति लोहिया की चिन्ता जायज़ थी। क्योंकि जहाँ सामान्य जनता गरीबी के बोझ से दबी कराह रही थी वहीं लोहिया के अनुसार—'मैंने हिसाब लगाया कि प्रधानमन्त्री साहब के ऊपर एक दिन का पच्चीस तीस हजार का खर्चा होता है। चाहे उनकी आमदनी न हो लेकिन खर्चा करने के लिए वे स्वतन्त्र हैं।'[१५] मन्त्रियों के निठल्लेपन पर व्यंग्य करते हुए लोहिया लिखते हैं—'आज के समाज और युग में एक बड़ी अच्छी बात यह हो रही है कि राजनीति में लगे हुए लोगों को आमदनी करने की जरूरत नहीं रहती। राज के ऊपर उनका इतना कब्जा रहता है कि वे खर्चा कर सकते हैं—आठ आना एक तरफ खेत मजदूर का एक दिन का और दूसरी तरफ पच्चीस हजार रुपया एक दिन का—यह है हिन्दुस्तान में गैर बराबरी के झूले की पेंग।'[१६]

भारत के किसानों को लेकर लोहिया के मन में जो चिन्ता थी वह लोहिया के अनुसार—'हिन्दुस्तान के चालीस करोड़ लोगों में से ज्यादातर किसान हैं और गरीब किसान हैं, बिना जमीन के खेतिहर मजदूर या छोटी हैसियत के किसान। उनके लिये सरकार एक भूत के रूप में आती है और देहाती भूत से बहुत डरता है—खेती लगे न लगे कम लगे या ज्यादा लगे मुनाफा हो या न हो,

सरकार का तो कर वसूलने वाला कुर्क अमीन या सिपाही भूत की तरह से किसान के सर पर आकर खड़ा हो जाता है। हिन्दुस्तान का किसान हिन्दुस्तान की सरकार को भूत की तरह या भूतनी की तरह देखता है।[१७] यहाँ पर सरकार के विवेक पर लोहिया ने व्यंग्यात्मक लेकिन सटीक विश्लेषण किया है। लोहिया ने कहा—आज बिना नफे की खेती से कर उठ जाय तो किसान सरकार को भूत की तरह नहीं देखेगा। किसान का दिमाग बदलेगा और वह सरकार को मित्रवत देखेगा। सरकार को तो इससे खुश होना चाहिए लेकिन सरकार को डर लगा हुआ है कि अगर कहीं किसान के सर से सरकार का भूत उतर गया तो वह दिमाग से स्वतन्त्र हो जायेगा। अपने तरीके से सोचने विचारने लगेगा और किसान का दिमाग स्वतन्त्र हुआ तो वह न जाने कौन-कौन से खुराफात सोचेगा और सरकार का न जाने क्या-क्या अनिष्ट कर बैठेगा। इसी प्रकार शहरों में दैनिक उपयोग की हर वस्तु पर भारी टेक्स लगाया गया है कि शहरी दिमाग टेक्सों के गुणा-भाग में व्यस्त रहे वरना स्वतन्त्र दिमाग से जनता न जाने क्या-क्या खुराफात खड़ी कर बैठे।

लोहिया जानते थे कि यूरोप का पूँजीवाद उपनिवेशों की नंगी-भूखी जनता से समृद्ध हुआ है। लोहिया पूँजीवाद के कट्टर विरोधी हैं। पूँजीवाद अपने वास्तविक रूप में भारत में कभी रहा ही नहीं जैसे मानव सभ्यता के इतिहास में अनेक सभ्यताएँ ऐसी है जिनके इतिहास क्रम में पाषाण-युग के बाद सीधे ताम्र-युग आया लौह-युग आया ही नहीं वैसे ही मैं समझता हूँ कि भारत में सामंतवाद के बाद सीधे पूँजीवाद में समाजवाद के संक्रमण का युग आया भारत में स्वतन्त्र पूँजीवादी युग कभी रहा ही नहीं और चूँकि भारत में दो-ढाई हजार वर्षों से समंती व्यवस्था चली आ रही है। अतः भारत में वर्ग संघर्ष बहुत पुरानी ऐतिहासिक प्रक्रिया है। भारतीय साहित्य से भी ऐसा ही सिद्ध होता है। दो संस्कृतियाँ सामंती संस्कृति और लोक संस्कृति का स्पष्ट प्रमाण मिलता है।

लोहिया ने भारतीय संस्कृति और उसके विभिन्न पक्षों पर सुव्यवस्थित विचार नहीं प्रकट किया है और इसके लिए उन पर कोई आरोप भी नहीं लगाया जा सकता क्योंकि मुख्य रूप से वे एक जन नेता थे वे राजनीति के जानकार थे कला-संस्कृति-साहित्य के पंडित नहीं लेकिन समय-समय पर उन्होंने भारतीय संस्कृति के सन्दर्भ में अपने विचार प्रकट किए हैं। लोहिया आधुनिक भारतीय संस्कृति के लिए 'कींचड़' शब्द का प्रयोग करते हैं लगता है लोहिया ने इस शब्द का प्रयोग सामंती संस्कृति के लिए किया है जो हजारों वर्ष की सड़ी-गली परम्परा ने पैदा किया है और इस संस्कृति के जीवित तत्व नष्ट हो चुके हैं और

इनके अवशेष 'कींचड़' के रूप में अब भी मौजूद हैं। लोहिया के शब्दों में—"मूल्यों का सारा निकष ही गड़बड़ा दिया गया है ऊँची जातियाँ सुसंस्कृत पर कपटी हैं, छोटी जातियाँ थमी हुई और बेजान हैं। देश में जिसे विद्वत्ता के नाम से पुकारा जाता है, वह ज्ञान के सार की अपेक्षा सिर्फ बोली और व्याकरण की एक शैली है। शारीरिक काम करना भीख माँगने से ज्यादा लज्जास्पद समझा जाता है। साफ सीधी बात और बहादुरी के गुणों के बजाय चालबाजी, सामने जो हुकुम और पीठ पीछे अवहेलना राज्य के सफल व्यक्तियों की निशानी हो जाती है।"[१८] .. "धर्म, राजनीति, व्यापार और प्रचार सभी मिलकर उस कीचड़ को संजोकर रखने की कोशिश कर रहे हैं जिसे संस्कृति के नाम से पुकारा जाता है।"[१९] लोहिया इस सांस्कृतिक 'कींचड़' को संजोकर रखने की भ्रष्ट शाजिश के विरोधी थे वे कींचड़ की अभ्यर्थना करने को तैयार नहीं थे। भारतीय परम्परा के प्रेमी लोहिया हिन्दुस्तान के 'पुराने पौरुष' के प्रशंसक थे—"हिन्दुस्तान को अपना पौरुष प्राप्त करना होगा यानी दूसरे शब्दों में यह कहना हुआ कि इसे आधुनिक बनाना होगा।"[२०]

भारत को इस सांस्कृतिक जकड़ से मुक्ति दिलाने के लिए वे दो मोर्चों पर अभियान चलाना चाहते हैं एक 'शूद्र' और दूसरा 'नारी' इसको वे प्रतीक रूप में 'सीता-शंबूक' धूरी भी कहते हैं। भारत में शूद्र एवं नारी अभी भी सबसे पीड़ित वर्ग हैं। शूद्रों की मुक्ति जाति प्रथा के ध्वंस से ही सम्भव है। जाति प्रथा की खिलाफत करते हुए लोहिया ने जाति प्रथा पर जैसा प्रहार किया वह गांधी के बाद की भारतीय राजनीति की अभूतपूर्व घटना है। इसके लिए लोहिया ने एक संगठित बौद्धिक मोर्चे का गठन किया। इसका संकेत उनकी पुस्तक 'जाति प्रथा' से प्राप्त होता है। जाहिर है कि भारत के रूढ़िवादी समाज में यह कार्य आसान न तो तब था और न ही अब है। इस अभियान में उन्हें क्या-क्या सहना पड़ा उसकी बानगी उन्हीं के शब्दों में—"मुझे पूरा यकीन है कि मैंने जो कुछ लिखा है, उसका और भी भयंकर बदला चुकाया जाएगा, चाहे वह लाजिमी तौर पर प्रत्यक्ष और तत्कालीन भले ही न हो। पर जब जवान मर्द और औरतें अपनी ईमानदारी के लिए बदनामी झेलते हैं तो उन्हें याद रखना चाहिए कि पानी फिर से निबंध बह सके इसलिए कींचड़ साफ करने की कीमत उन्हें चुकानी पड़ती है।"[२१] जाति प्रथा के इस 'कींचड़' को ही वे शूद्र तथा नारी की स्वतंत्रता के लिए सबसे अधिक जिम्मेदार मानते हैं। उनका कहना है कि—"भारत की आत्मा के इस पतन के लिए मुझे यकीन है जाति और औरत के दोनों कटघरे मुख्यतः जिम्मेदार हैं। इन कटघरों में इतनी शक्ति है कि साहसिकता और आनंद की समूची क्षमता को वे खत्म कर देते हैं।"[२२] उनकी पुस्तक और उनके लिखे

अनेक लेख इन दो मोर्चों को सम्भालने और चौकस रखने के लिये ही लिखे गये थे।

लोहिया ने दिसम्बर ५७ में जिला जेल लखनऊ से उत्तर प्रदेश के जेल मंत्री को अपना निबन्ध 'वशिष्ठ और वाल्मिकी' भेजा था, इस निबन्ध में लोहिया ने लिखा—"मातृहन्ता परशुराम से राष्ट्रहन्ता नेहरू तक कट्टर न्याय की वशिष्ठी परम्परा है विश्वामित्र से विश्वेसरैया तक उदारता की वाल्मिकी परम्परा है।" यह वशिष्ठी परम्परा गिरोह, स्वार्थ और कट्टरता पर तथा स्त्री और शूद्र के शोषण और शिरेच्छेदन पर आधारित है "परम्परा नोजि स्वार्थ और गिरोह स्वार्थ से लथपथ सनामन वशिष्ठी ब्राह्मण का होता है, वह परम्परा के लिए मरना मारना जानता है, गिरोह स्वार्थ के लिए वह सब कुछ तज सकता है।"[२३]

लोहिया भारतीय राजनीति की सड़ाँध और सांस्कृतिक पतन की मुर्दनी से तिलमिलाकर कहते हैं—"मेरा निश्चित मत है कि अब वही दल देश को सबल सुखी और सच्चा बना सकेगा जिसमें औरत शूद्र हरिजन और मुसलमान का आधिक्य हो सीता और शम्बूक की धूरी को थोड़ा और बढ़ाना होगा।"[२४] मैं मानता हूँ कि इस निबन्ध में आक्रोश का स्वर ज्यादा तीव्र है इस कारण कहीं-कहीं भावुक आस्फलन भी दिखाई पड़ता है पर इससे लोहिया के मन के उस मन्थन और पीड़ा का बोध तो हो ही जाता है जो इन दो समस्याओं के साथ पूरी तरह तादात्म्य स्थापित कर चुका था उनके मन में देश की तीन चौथाई जनसंख्या के प्रति जो शूद्र और नारी को सम्मिलित संख्या है कितनी अगाध ममता कितनी हमदर्दी व सहानुभूति थी—"जब तक शूद्रों हरिजनों और औरतों की सोई हुयी आत्मा का जगना देखकर उसी तरह खुशी न होगी जिस तरह किसान को बीजांकुर फूटते हुए देखकर होती है और उसी तरह जतन तथा मेहनत से उसे फूलने और फलने और बढ़ाने की कोशिश न होगी तब तक हिन्दुस्तान में कोई भी वाद किसी तरह की नयी जान लायी न जा सकेगी।"[२५]

संदर्भ :

१. भारत में समाजवाद; डा० राममनोहर लोहिया (बुकलेट) पृ० १
२. वही, पृ० १
३. लोहिया के विचार; सम्पा० ओंकार शरद (लोक भारती, इलाहाबाद) पृ० ६६
४. वही पृ० ६७
५. वही पृ० ७०
६. वही पृ० ७९

७. वही पृ० ८०
८, वही पृ० ८३
९. वही पृ० ८४
१०. वही पृ० ८८
११. वही पृ० ८९
१२. वही पृ० ९०
१३. वही पृ० ९१
१४. वही पृ० ९२
१५. सात क्रांतियाँ; डा० राममनोहर लोहिया, पृ० ९
१६. वही पृ० ९
१७. समाजवाद की राजनीति; डा० राममनोहर लोहिया, पृ० २३
१८. जाति प्रथा; डा० राममनोहर लोहिया (नव हिन्द प्रकाशन, हैदराबाद) पृ० ८५
१९. वही पृ० ८
२०. वही पृ० ६
२१. वही पु० ८
२२. वही पृ० १
२३. वही पृ० ११
२४. वही 'भूमिका'
२५. वही पृ० १६३

लोकतंत्र के मुकाबिल तोपखाना

चीन के थ्येन आन मन चौक पर हुए छात्रों के प्रदर्शन तथा ४ जून १९८९ के दिन हुए नरसंहार पर भारत के विद्वानों तथा पत्र-पत्रिकाओं में प्रकाशित समाचारों तथा लेखों के आधार पर दो परस्पर विरोधी धारणाएँ सामने आती हैं। जहाँ बुद्धिजीवियों तथा पत्रकारों का एक वर्ग यह मानता था कि—वर्तमान चीनी छात्र-आन्दोलन का वास्तव में कोई जनाधार नहीं है तथा यह अमेरिका के इशारे पर एक साम्यवादी देश को परेशान करने तथा उसके विकास की गति को मंद करने की साजिश का परिणाम है। वहीं दूसरे वर्ग का यह मानना है कि वह छात्र-आन्दोलन स्वतः स्फूर्त तथा एक पार्टी की तानाशाही के विरोध में अपने जनतांत्रिक अधिकारों की मांग के समर्थन में था।

परस्पर विरोधी होने के बावजूद दोनों ही पक्षों के विचारों में सचाई है। लेकिन सबसे बड़ी सचाई यह है कि विगत बीस वर्षों से चीन साम्यवादी सोच-विचार से अलग हटता जा रहा है। 'छठे दशक के अंत में चीन में समाजवाद के निर्माण की सामान्य नियमसंगतियों से विचलन प्रकट हुए। १९६६ में शुरु 'सांस्कृतिक क्रान्ति ने सामाजिक विकास की विकृतियों को और गहन बनाया तथा जनसाधरण में अनेक उलझने पैदा की। विदेशनीति के क्षेत्र में प्रभुत्ववादी प्रवृत्तियों की वृद्धि सोवियतसंघ और दूसरे समाजवादी देशों के सहयोग से इन्कार के साथ-साथ हो रही थी।'

विश्व की प्राचीनतम सभ्यता तथा संस्कृति वाला देश चीन एक मात्र ऐसा देश है जहाँ लगभग चार हजार वर्षों तक का इतिहास लिखित रूप में प्राप्त है। कला, इतिहास, विज्ञान एवम् सांस्कृतिक क्षेत्रों में उन्नत होने के बावजूद चीन आर्थिक रूप से अत्यन्त पिछड़ा हुआ देश था। जनता को भर पेट भोजन भी नहीं नसीब होता था जबकि सामंतवाद के आधिपत्य में चंद लोग जीवन की हर वस्तु का उपभोग करते थे। अकाल, महामारियों तथा विनाशकारी बाढ़ों के कारण चीन में हजारों लोग असमय मृत्यु को प्राप्त होते थे।

बीसवीं शदी के शुरू में चीन एक ठेठ अर्द्ध औपनिवेशिक राज्य था उसमें ग्रेट ब्रिटेन, जापान, जर्मनी तथा अन्य साम्राज्यवादी राज्यों का प्रभुत्व स्थापित था। १९११-१२ की 'सिन्हाई' क्रांति ने 'त्सिन' वंश का तख्ता पलट दिया। बावजूद इसके सामंतवादी-साम्राज्यवादी उत्पीड़न का अन्त नहीं हो पाया।

सोवियत रूस की बोल्शेविक क्रांति के प्रभाव-स्वरूप बीसवीं शताब्दी में चीन

में भी सामंतवाद विरोधी तथा साम्राज्यवाद विरोधी जनान्दोलनों का विस्तार हो रहा था। चीन के आर्थिक ढाँचे के सुदृढ़ीकरण का दौर माओत्से-तुंग के नेतृत्व में चीनी जनक्रांति की सफलता के पश्चात प्रारम्भ हुआ लेकिन सांस्कृतिक क्रांति (१९६६-७६) के मध्य चीन की अर्थ व्यवस्था पुनः चौपट हो गयी, हालांकि इसको चौपट करने तथा पुनः चीनी अर्थव्यवस्था को नये आयामों के साथ सुदृढ़ करने का श्रेय 'तंग-श्याओ-फिंग' को जाता है।

नयी अर्थ व्यवस्था के तहत यह महसूस किया गया कि चीन का औद्योगिक ढाँचा देश की माँग के अनुरूप नहीं था, हल्के एवं भारी उद्योगों के मध्य काफी असंतुलन था। चीन जैसी विशाल आबादी एवं आकार-प्रकार वाले देश में जो आर्थिक रूप से अत्यन्त पिछड़ा था सामान्यतः भारी उद्योगों पर आवश्यकता से अधिक ध्यान दिया गया। इसमें सैनिक साजो-सामान बनाने वाले विशाल कारखाने, अणुबम एवं उद्जन बम बनाने वाले परमाणु रिएक्टर तथा इन बमों को कम दूरी से लेकर उन्हें एक महाद्वीप से दूसरे महाद्वीप तक ले जाने में सक्षम वाहक राकेटों का निर्माण करने वाले विशाल उद्योगों पर ही सारा ध्यान केन्द्रित कर दिया गया। इस पर भारी जन एवं धन लगाया गया। एक तरफ जनता निपट अनपढ़ थी, भूखों मर रही थी दूसरी ओर साम्राज्यवादी शक्तियों से बचाव के नाम पर सैकड़ों एटम बम तथा मिसाइलें बनाई जा रही थीं।

विश्व राजनीति के चतुर अध्येता चीनियों के मुँह जब शस्त्र व्यापार के अंतर्राष्ट्रीय बाजार का चस्का लगा तब 'हजार फूलों को एक साथ खिलने दो' का माओत्से-तुंग का नारा जहाँ तहाँ बिला चुका था और चीन हर खरीददार को अपने यहाँ निर्मित हथियार बेंच रहा था यहाँ तक कि अमेरिका समेत दर्जनों देशों में खुले आम दुकानों से एके ४७ आटोमैटिक रायिफल बेची जाती है और इन्हे डांकू से लेकर आतंकवादी तक इस्तेमाल करते हैं। मध्यम दूरी तक सटीक मार करने वाली 'सिल्क वर्म' मिसाइलों की बिक्री से चीन अरब देशों से अकूत धन 'पेट्रोडालर' के रूप में खींच रहा है।

तीसरी दुनिया के हाल ही में स्वन्तत्र हुए देशों तथा अरब देशों को सैनिक साजो सामान बेचकर चीन ने पर्याप्त विदेशी मुद्रा तो कमाई लेकिन कृषि तथा घरेलू लघु उद्योगों पर इसका बहुत ही खराब असर पड़ा और इनकी उन्नति प्रायः रुक सी गयी। उधर चीन की जनसंख्या 'एक दम्पत्ति एक संतान' के आदर्श नारे के बावजूद अत्यन्त तीव्रगति से आगे बढ़ती जा रही है। जनसंख्या का भार, लघु उद्योगों तथा कृषि उत्पादन की दयनीय स्थिति, शस्त्र व्यापार से उत्पन्न दलाली, दलाल, मुनाफा-खोरी, एक नये वर्ग का उदय, जिसके ठाट-बाट निराले थे। यहीं से आम चीनी जनता में असंतोष का बीजारोपण होता है।

योजनाबद्ध तरीके से सामरिक महत्व के भारी उद्योगों का विकास तो हुआ लेकिन अन्य क्षेत्रों में चीन काफी पिछड़ गया। ऐसे में पश्चिम के लिए अपने बन्द द्वार खोलना चीनी नेतृत्व की विवशता भी थी। अमेरिका के नेतृत्व में पश्चिमी देशों तथा जापान ने चीन के साथ व्यापारिक साझेदारी कर अनेक प्रकार के उद्योग लगाए। ये कम्पनियाँ नयी तकनीक के साथ ही अपने साथ अपनी छूत की बीमारियाँ भी साथ ले आयीं और चीन में पूँजी वादी बुराइयाँ फैल गयीं। विवेच्य छात्र आन्दोलन इससे पूरी तरह प्रभावित था। विदेशी कम्पनियों की साझेदारी से चीन में अनेक क्षेत्रों में उल्लेखनीय उन्नति हुई लेकिन चीन पूँजीवादी संस्कृति के हमले से स्वयं को न बचा पाया जिसके विरुद्ध उसके ही पुरखों ने उसे समय-समय पर सावधान किया था। इसके फलस्वरूप चीन में एक नये वर्ग 'नवधनाढ्य' का उदय हुआ। इसके साथ ही अनेक पूँजीवादी बुराइयाँ जैसे भ्रष्टाचार, घूसखोरी, कमीशन खोरी आदि का फैलाव हुआ। आज अगर चीन के छात्र चीनी नेतृत्व एवं मुट्ठी भर विशिष्ट लागों की सुख-सुविधाओं एवं उच्च सामाजिक हैसियत पर उँगली उठा रहे हैं तो क्या इसकी शिक्षा उन्हे मार्क्सवादी माओत्से-तुंग से विरासत में नहीं मिली है? क्या अमेरिका उन्हें भड़का रहा है? नहीं विद्रोह की शिक्षा उन्होंने मार्क्सवाद से ग्रहण की है, पूँजीवाद से नहीं। यही वजह है कि अपने आन्दोलन के लिए उन्होंने थ्येन आन मन (मुक्ति का द्वार) को चुना जहाँ १९४९ में माओत्से-तुंग ने एक विजेता के रूप में घोषणा की थी कि 'चीनी राष्ट्र अब उठ खड़ा हुआ है' और ठीक इसी चौक में १९८९ में चीनी छात्र अपने वर्तमान शासक के जनविरोधी रवैये के विरुद्ध उठ खड़े हुए।

फंसाव, घिराव, तनाव है सब ओर
पत्ते न खड़कें
सेना ने घेर ली हैं सड़कें
बुद्धि की मेरी रग
गिनती है समय की धकधक
यह सब क्या है?
किसी जनक्रांति के दमन-निमित्त यह
मार्शल ला है।

—मुक्तिबोध 'अंधेरे में'

लोकतंत्र के मुकाबले चीन में तोपखाना तैनात कर दिया गया। थ्येन आन मन चौक पर खून और भग्न-मानव शरीर फैल गये। जनक्रान्ति का दमन कर दिया गया। जिस थ्येन आन मन चौराहे पर खड़े होकर माओत्से-तुंग ने जनता

की आजादी की घोषणा की थी उसी थ्येन आन मन चौक पर जनता की 'जन मुक्ति सेना' ने ४ जून १९८९ को लगभग २० हजार जनता को मशीनगन की गोलियों से छलनी कर दिया और उनकी लाशों पर टैंक चढ़ा दिये। लोगों ने यह कहकर बात टाली कि 'चीनी इतिहास में खून खराबा, क्रांतियाँ, कत्ले आम कोई आश्चर्य का विषय नहीं। चीनी इतिहास के अधिकांश पन्ने चीनी जनता के खून से सराबोर हैं। योद्धाओं और क्रूर राजा-रानियों, आपसी बैर निभाते राजवंशों, देश का अतिक्रमण करते पड़ोसियों, धनलोलुप साम्राज्यवादियों, विद्रोहों और क्रांतियों को चीन एक बार नहीं अनेक बार झेल चुका है।

मुझे सर्वेश्वर जी की कविता भेड़िया याद आ जाती है—

इतिहास के जंगल में
हर बार भेड़िया मांद से निकाला जायेगा
आदमी साहस से एक हो कर
मशाल लिए खड़ा होगा।

—सर्वेश्वर 'भेड़िया–३'

लेकिन ४ जून को थ्येन आन मन चौक पर भेड़ियों ने जो भर कर मनमानी की जिस थ्येन आन मन चौक पर गर्व से भरे माओत्से-तुंग ने जनता के मुक्ति की घोषणा की थी उसी चौक पर जनता की सेना ने जनता पर गोलियाँ चलायीं। दुनियाँ के सबसे बड़े और खूबसूरत चौकों में से एक तथा चालीस हेक्टेयर में फैले थ्येन आन मन में टैंकों तथा मशीनगनों से लैस सैकड़ों बरब्तरबन्द गाड़ियों में सवार अपनी शक्ति के मद में चूर जनता की जनमुक्ति सेना ने निहत्थी जनता पर जिनमें सभी तो शामिल थे सत्तर साल के बूढ़े, अधेड़ माताएँ, युवक-युवतियाँ, छोटे-छोटे बच्चे, बारह घंटों के खूनी पागलपन में पन्द्रह बीस हजार लोगों को मौत के घाट उतार जनतन्त्र एवं समानता की माँग कर रही जनता के ऊपर टैंक चढ़ा दिये। आजादी और जनवाद की माँग कर रही जनता का खून थ्येन आन मन की सड़कों पर फैल गया और वहीं स्थापित माओत्से-तुंग की विशाल प्रतिमा अपनी पथराई आँखों से यह भीषण नर संहार देखती रही।

माओत्से-तुंग ने 'अध्ययन का स्वरूप' नामक अपने एक निबंध में लिखा है—

'आज का चीन पुराने चीन से ही विकसित हुआ है। हम लोग इतिहास के प्रति मार्क्सवादी दृष्टिकोण रखते हैं अतः हमे अपने इतिहास के अंशो को जहाँ-तहाँ से काटकर अलग नहीं कर देना चाहिए हमे कन्फ्यूशियस से लेकर सुन-यात-सेन तक के चीनी इतिहास निकालने चाहिए और इसे अमूल्य विरासत

के रूप में प्राप्त करना चाहिए। आज के महान आंदोलन के निर्देश में यह बात अत्यन्त महत्वपूर्ण है।' लगता है वर्तमान चीनी नेतृत्व ने माओत्से-तुंग की इन सीखों को समझने से पूर्णतः इंकार कर दिया है हालांकि थ्येन आन मन पर गोली वर्षा करवाने वाले मुक्ति संघर्ष में तपे कट्टरवादी बताये जाते है।

वर्तमान चीनी त्रासदी के बारे में अलग-अलग चीन विशेषज्ञों की अलग-अलग धारणाएँ हैं। अनेक चीनी राजनीति के विशेषज्ञों के अनुसार 'इस प्रकार के विरोध दरअसल चीनी कम्युनिस्ट पार्टी के भीतरी तनावों के कारण हुआ करते हैं जैसे च्वाएन-लाय की मृत्यु के पश्चात कम्युनिस्ट पार्टी में सत्ता हथियाने के लिए जो संघर्ष चला था वह भी हिंसक छात्र आन्दोलन के रूप में सामने आया था। इसी क्रम में तंग-श्याओ-फिंग के राजनीतिक अवसान के पश्चात कम्युनिस्ट पार्टी में सत्ता हथियाने का संघर्ष वर्तमान छात्र आन्दोलन के रूप में सामने आया है।

वर्तमान छात्र आन्दोलन में भ्रष्टाचार का मुद्दा बड़े जोर शोर से उठाय गया और अब जब छात्र आंदोलन को टैंकों के बल पर पूरी तरह कुचल दिया गया है चीन में क्यों भ्रष्टाचार विरोधी मुहिम जोरशोर में चलाई जा रही हैं ? इस अभियान में क्यों अनेक सरकारी उच्चाधिकारियों को भ्रष्टाचार के आरोप में पद मुक्त कर दिया गया ? भ्रष्टाचार का मुद्दा चीनी नेताओं की इतनी कमजोर नस क्यों है ? तंग-श्याओ-फिंग, प्रधानमंत्री ली-फंग तथा च्वाज-यांग आदि सभी बड़े नेताओं के बेटे-बेटियों-दामादों ने जनता के खून पसीने से कमाई भारी सम्पत्ति बटोर रखी है। इस बटोरी गयी सम्पत्ति का मुख्य स्रोत सरकारी दलाली तथा मुनाफाखोरी भी है।

इन बड़े चीनी नेताओं की संताने या तो विदेशों में जा बसी हैं या चीन में ही नवाबो ठाट-बाट से ऐशोआराम की जिंदगी बिता रही हैं। जहाँ मध्यम वर्ग का चीनी नागरिक भी एक मोटर सायिकिल खरीदने में असमर्थ है क्यों कि वहाँ इसकी कीमत सात हजार 'युवान' (लगभग २५-३० हजार रुपये) है वहां इन भ्रष्ट नेताओं के आश्रित मँहगी मर्सडीज कारों में घूमते हैं।

वर्तमान छात्र आन्दोलन के मद्देनजर जनमुक्ति सेना भी जनता की नजरों में संदिग्ध हो चुकी है। हालाकि चोरी छिपे सांस्कृतिक क्रांति के जमाने मे भी इसका उपयोग जनता को दबाने में किया गया था। सांस्कृतिक क्रांति के जमाने में चीन की स्थिति लगभग नाजी जर्मनी जैसी ही थी। माओ की व्यक्ति पूजा ने उन्हें भगवान बना दिया था। उस दौरान कई पुराने उदारवादी नेताओं की

निर्ममतापूर्ण हत्याएँ करा दी गयीं। देश में रची-बसी हिंसा फिर सड़कों पर उतर आयी थी और लाल रक्षकों के भारी बूटों तले खून की नदियाँ बह उठी थीं। माओ की पत्नी जियांग-छिग के नेतृत्व में चांडाल चौकड़ी ने सत्ता हथियाने के लिए खूनी लड़ाई की शुरुआत की। जियांग धूर्त महत्वाकांक्षी और निर्मम थी। इस गुट के द्वारा चीन की जनता पर अधिसंख्य जुल्म किये गये। इस दौरान मारे गये लोगों की संख्या ४० हजार आंकी गयी है। थ्येन आन मन चौक पर भी जनता पर गोलियाँ चलाने से इंकार करने वाली उन्नीसवीं डिवीजन और जनता का संहार करने वाली सत्ताइसवीं डिवीजन नेतृत्व के लिए लड़ रहे नेताओं के इशारे पर काम कर रही थीं न कि जनता की सेना के रूप में।

एक पार्टी की तानाशाही का आसन जब भी डांवाडोल होगा ऐसे खूनी खेल जिसमें निशाना भोली-भाली जनता होगी, खेला जाता रहेगा। इसमें दो राय नहीं कि इस समय चीन मे घोर असमानता व्याप्त है इसका कारण एक पार्टी की तानाशाही तथा अमेरिका तथा पश्चिमी देशों के लिये खोले गये बंद द्वार और इसमें से आई पूंजीवादी लोकतंत्र की चकाचौंध है क्योंकि एक ही दिन चार जून को जहाँ थ्येन आन मन पर नरसंहार हो रहा था बीजिंग के ही एक सुरक्षित क्षेत्र में अमेरिकी-चीनी संभ्रान्त एवं मँहगे वस्त्र पहने खुशबू में नहाये निश्चिन्तता के साथ घूम रहे थे (इलेक्ट्रानिक डे एण्ड डेंट कैमरे से लिये गये ये चित्र अधिकांश देशी विदेशी पत्रिकाओं में प्रकाशित हो चुके हैं) ये असमानता ही चीनी जनता के असंतोष का कारण है और अगर यह सच है तो विरोध भी सच्चा तथा जनवादी है अतः इसे थोड़े समय के लिये सेना के जोर से दबा पाने में वर्तमान चीनी नेतृत्व भले ही कामयाब हो गया हो लेकिन विरोध की इस जन-भावना को अब और अधिक समय तक नहीं दबाये रखा जा सकेगा।

असली बनाम नकली जनवादी दृष्टि

भारतीय जनता ने स्वतंत्रता पूर्व एवं पश्चात् राजनीतिक दावपेंचों के इतने कुठाराघात सहे हैं कि अब शायद हम संवेदन-शून्यता की स्थिति में आते जा रहे हैं। यही संवेदन-शून्यता की स्थिति जनता के आपसी सम्बन्धों पर भी एक हद तक प्रभाव डाल रही है। भारतीय जन मानस अभी भी पुराने और नये का उचित सामंजस्य नहीं स्थापित कर पा रहा है।

एक पीढ़ी है पुरानी उम्र के लोगों की जिन्होंने क्रूर ब्रिटिश साम्राज्यवादियों का भारत पर निरंकुश शासन एवं स्वतन्त्रता संग्राम की महती उपलब्धि स्वतन्त्र (भले ही विखण्डित) भारत दोनों ही स्थितियों को देखा है। अपनी युवावस्था में बड़े-बड़े आदर्श ढ़ोए हैं ये ही वे लोग हैं जिन्होंने सर्व-सामान्य को स्वतन्त्र भारत की सतरंगी तस्वीरें दिखायी थीं और यह घोषित किया था कि महान कांग्रेस पार्टी के हाथों पूरे भारत का भविष्य न केवल सुरक्षित बल्कि उज्ज्वल भी है। लेकिन उसी भारत भाग्य विधाता कांग्रेस ने भारतीय 'जन' के भाग्य की जो रचना की हैं वह भारतीय 'जन' अच्छी तरह जान गया है।

जनता में उस समय भी मुट्ठी भर ऐसे बुद्धिजीवी थे जिन्होंने जनता को इस बड़े भ्रम से मुक्त करने की कोशिशें की थीं।

एक दूसरी पीढ़ी है। वह पीढ़ी जिसका जन्म ही स्वतन्त्र भारत में हुआ। इन्हें न तो स्वतन्त्रता पूर्व के आदर्शों का ही ज्ञान है और न ही महात्मा गान्धी के सत्य और अहिंसा के सिद्धान्त से कोई मतलब है। इस पीढ़ी ने तो अपना होश सम्हाला है विकृत-पूँजीवादी-व्यवस्था में, जहाँ है—कालाधन, बेईमानी, धोकाधड़ी, तस्करी, बेरोजगारी, नशीले पदार्थ, भूख और अपराधों की दुनिया। इस पीढ़ी ने होश सम्हालते ही अवसरवाद को अपना लिया। भारत की पतनोन्मुख संस्कृति को और भी विकृत किया गया। प्रतिभाएँ या तो सड़कों पर भटक रही हैं या कुशल अपराधी बन रही हैं। जनचेतना स्थिर सी हो गयी है और ऐसे में हमारे देश का बुद्धिजीवी क्या कर रहा है?

पूँजीवादी गुलामी और भ्रष्ट व्यवस्था से मुक्ति का मार्ग दिखा कर देश का बुद्धिजीवी जन चेतना को विकसित कर सकता है और यही उसका वास्तविक कार्य है। बुद्धिजीवी जो किसी भी वर्ग का हो सकता है अगर चाहे तो समाजवाद के निर्माण में अपनी निर्णायक भूमिका निभा सकता है। पढ़ा लिखा और समझदार होने के कारण यह वर्ग जनता को सैद्धान्तिक रूप से संतुष्ट कर उन्हें

प्रयोगात्मक कदम उठाने के लिये तैयार कर सकता है। यही कारण है कि बुद्धिजीवियों की समाज में अपनी एक महत्वपूर्ण भूमिका है।

कार्लमार्क्स के इस सिद्धान्त के अनुसार कि—'मनुष्य की चेतना उसके व्यक्तित्व का निर्धारण करने में समर्थ नहीं होती बल्कि व्यक्ति का सामाजिक अस्तित्व ही उसकी चेतना का निर्धारण करता है' पूँजीवादी बुद्धिजीवी अपनी चेतना से अपने अस्तित्व का निर्धारण नहीं कर पाता बल्कि उसका पूँजीवाद के प्रति समर्पित अस्तित्व ही उसकी पूँजीवादी चेतना का निर्धारण करता है। परन्तु जब परिवर्तन की प्रक्रिया शुरू हो जाती है और सर्वहारा अपने युद्ध के लिये समूह बद्ध हो जाता है तब उसकी सामूहिक जनचेतना ही उसके अस्तित्व का निर्धारण करने लगती है।

दर असल स्वयं मार्क्स की स्थिति समाज में पूँजीवादी बुद्धिजीवी की थी लेकिन वे वैज्ञानिक समाजवाद के जन्मदाता थे। अपनी सोच-समझ के अनुसार वे सर्वहारा बुद्धिजीवी थे। इसीलिये पूँजीवादी बुद्धिजीवियों की यह शंका कि अपनी सामाजिक स्थिति के कारण वे सामान्य-जन की संदेह की परिधि में हैं एकदम गलत है। यह तो सर्वहारा वर्ग के प्रति उनकी सोच-समझ पर निर्भर करता है अगर वे वास्तव में सर्वहारा के अधिकारों की लड़ाई में ईमानदारी से साथ देते हैं तो सर्वहारा न केवल उनको अपनाएगा बल्कि वह उन्हें बाखुशी अपना नेतृत्व भी सौंप सकेगा।

वस्तुतः मार्क्स क्रान्ति पथ के निर्माता थे। उन्होंने मेहनतकश जनता को एक बेहतर जीवन दर्शन दिया जिसे रूसी क्रान्ति के दौरान लेनिन ने रचनात्मक स्वरूप प्रदान किया। मार्क्स एवं लेनिन के दिखलाये रास्ते पर चलकर बाद में चीन में सफल राजनैतिक एवं सांस्कृतिक क्रान्तियाँ सम्पन्न हुयीं।

भारत में बुद्धिजीवियों का एक खास वर्ग एक तरफ तो क्रान्तिकारी सिद्धान्तों का पंडित है। इन गुरुओं ने मार्क्सवाद के सैद्धान्तिक पक्ष तोते की तरह रटे हुए हैं। परन्तु जहाँ व्यावहारिक और स्वयं आगे बढ़ कर कार्य करने की बात आती है वे 'अज्ञेय' की तरह महामौनी एवं निश्चेष्ट हो जाते हैं। यही इस वर्ग के बुद्धिजीवियों का दोमुहापन है।

जनवादी दृष्टि व्यावहारिक सोद्‌देश्य और द्वन्द्वात्मक भौतिकवादी होती है। यह विश्व की आर्थिक राजनीतिक घटनाओं तथा अन्तर्विरोधों का वर्ग-संघर्ष की दृष्टि से विश्लेषण करती है। इसी दृष्टिकोण को अपनाने में समस्त बुद्धिजीवी वर्ग का हित है। बुद्धिजीवियों का जनसाधारण से अपने को श्रेष्ठ समझने के लुभावने स्वप्न के साथ उनका महत्व दो कौड़ी का भी नहीं रह जाएगा। अगर

वास्तव में भारत का बुद्धिजीवी वर्ग साहित्य एवं संस्कृति का नवनिर्माण करना चाहता है तो उसे 'जन' से युक्त होकर उसकी जनवादी चेतना को विकसित करना ही होगा।

भटकी हुई मानसिकता के बुद्धिजीवी ये मानकर चलते हैं कि हमारा काम साहित्य, दर्शन, वैज्ञानिक सिद्धान्तों की व्याख्या एवं रचना करना है। हमें अमीर-गरीब व्यवस्था-दुर्व्यवस्था आदि से क्या लेना देना ? मुट्ठी भर लोग पूरी दुनियाँ को पैरों तले रौंद रहे हैं तो रौंदा करें, हम क्या करें ? क्यों करें ? लेकिन याद रहे अन्याय का विरोध न करना अन्याय का समर्थन करना है। वर्तमान को वैज्ञानिक विश्लेषण परक दृष्टिकोण से न समझने और उपलब्धिहीन मौलिक चिंतन को ही अपने जोवन का चरम लक्ष्य मानने वाले ये बद्धिजीवी जनसाधारण के मुक्ति सिद्धान्त से अलग इसके कटु आलोचक भी बन जाते हैं यही पूँजीवादी बुद्धिजीवी की खास पहचान है। ये बुद्धिजीवी जन असंतोषों के उचित एवं वास्तविक कारणों की तरफ ध्यानाकर्षण करने वाली जनवादी दृष्टि के पक्के विरोधी बन जाते हैं इसका मूल कारण इन बुद्धिजीवियों का व्यक्तिवादी होना है।

बुद्धिजीवियों का अपना कोई अलग-अलग वर्ग नहीं होता। परन्तु जीविका के भिन्न स्रोत होते हैं इन्हीं के आधार पर हम यह कहते हैं कि ये पूँजीवादी बुद्धिजीवी है या ये सर्वहारा बुद्धिजीवी या मध्यवर्गीय बुद्धिजीवो है। जब तक पूँजीवादी व्यवस्था जीवित है और उत्पादन और जीविका के साधनों पर पूँजी-पतियों का नियंत्रण है समाज में पूँजीवादी जेहनियत के बुद्धिजीवी होंगे ही।

सत्ताधारी वर्ग के विचार हर युग में सत्ताधारी हुआ करते हैं। अर्थात् हर युग में सत्तापक्ष के पास बौद्धिक शक्ति गिरवी रहती है। अर्थात् भौतिक उत्पादन के साधन से सम्पन्न वर्ग बौद्धिक उत्पादन पर भी नियंत्रण रखता है। यही पूँजीवादी या सत्तापक्ष के समर्थक बुद्धिजोवियों को उत्पत्ति का रहस्य है और ऐसा समाजवादी व्यवस्था में एक दलीय तानाशाही से भी हो सकता है।

पूँजीवादी बुद्धिजोवियों से कही अधिक खतरनाक जमात निम्न पूंजीवादो बुद्धिजीवी या मध्यवर्गीय बुद्धिजोवियों की होती है। क्योंकि ये वे लोग हैं जो स्वयं को मार्क्सवादी कहकर लोगों को धोका देते हैं। इनका काम मानवता के समर्थन के नाम पर मानव-विरोधी होता है। अपनी तिकड़मो बुद्धि द्वारा एक तरफ वे 'जन' के आन्दोलनों की बातें करते हैं तो दूसरी तरफ ये सत्तापक्ष के दलाल बन कर नित विदेश यात्राएँ किया करते हैं और भाई-भतीजावाद का खुला समर्थन करते हैं। इनके पुत्र-पुत्रियाँ कच्ची उम्र में ही सर्वगुण सम्पन्न हो कर रूस में भ्रमण करती रहती हैं।

पेटी बुर्जुआ वर्ग स्वभाव से ही दो-मुहा होता है क्योंकि ये वर्ग एक तरफ जहाँ सर्वहारा एवं जनतन्त्र का नारा देता है वही वह प्रतिक्रियावादी ताकतों के आकर्षण में भी बँधा रहता है आम तौर से जनतन्त्र के नाम पर बर्बर पुलिस शासन, तानाशाही अत्याचारों का हर एक बुद्धिजीवी विरोध करता है करना भी चाहिए लेकिन पेटीबुर्जुआ के भौतिक हित उसे तानाशाही एवं पूँजीवाद का साथ देने को विवश करते हैं। यही अवसरवादी प्रवृत्ति है जो आज-कल के मध्यवर्गीय जेहनियत वाले बुद्धिजीवियों की खास प्रवृत्ति है। अवसरवादी बुद्धिजीवी एक अत्यन्त चालाक प्राणी है। वो शासनतन्त्र एवं जनचेतना दोनों का बारीकी से निरीक्षण करता है और उचित समय पर दोनों में से किसी एक के साथ निःसंकोच हो लेता है।

जनवादी चेतना एक तरफ मुक्ति आन्दोलन और मुक्ति के लिये निर्णायक युद्ध के संदर्भ में साहित्य एवं साहित्यकारों की उसमें अपनी भागीदारी तथा दायित्वों से सम्बद्ध मानती है। तो दूसरी ओर साहित्य रचना के कुछ ऐसे आधारभूत सवालों का समाधान भी करती है, जिसके तहत ही पूँजीवादी बुद्धिजीवियों की साहित्य तथा कला सम्बन्धी प्रतिक्रियावादी समझ का काट करते हुए एक ऐसी नयी बौद्धिक समझ का विकास करती है जो जनहित में हो।

कोई भी जनवादी बुद्धिजीवी मार्क्सवादी लेनिनवादी जमीन पर खड़ा होकर परम्परा तथा प्राचीन के प्रति अंधभक्ति तथा भावुकता को सर्वथा अमान्य करते हुए उन्हें आधुनिक संदर्भों में उनकी प्रासंगिकता के तहत ही स्वीकार करता है। जब कि तथा कथित मार्क्सवादी बुद्धिजीवी अनेक परम्पराओं की खोज-बीन करने में ही अपनी सार्थकता मान रहे हैं। वे दूसरी परम्पराओं की खोज कर रहे हैं।

न तो हमारा पूरा प्राचीन साहित्य बहुत बुरा ही है और न ही बहुत ही अच्छा। उसी प्रकार न तो सारा आधुनिक साहित्य बहुत अच्छा ही है न बहुत बुरा ही। इनके अच्छे या बुरे होने का निर्णय भावुकतावश नहीं किया जा सकता बल्कि विवेक और तर्क संगत निर्णय द्वारा ही किया जा सकता है। हमारे भारत के कुछ प्राचीन साहित्य रूप ऐसे हैं जो जनता के मन में घर कर गये हैं जैसे तुलसी की रामचरितमानस या कबीर की साखियाँ। ऐसे साहित्य का सुधार अपनी प्रासंगिकता में करना आवश्यक हैं क्योंकि हम इनका प्रभाव जनमानस के ऊपर से हटा नहीं सकते ऐसी स्थिति में हम इनकी व्याख्या जनहित को ध्यान में रख कर आज के संदर्भों में कर सकते हैं।

जनता को शिक्षित करने एवं उनमें पूरे देश-काल के संदर्भ में उचित दृष्टिकोण जागृत करने का कार्य भी जनवादी बुद्धिजीवियों पर हैं।

कबीर ने अपने समय में जन-मानस को जितना प्रभावित किया था आज का बुद्धिजीवी उतना प्रभावित क्यों नहीं कर पाता ? सम्पूर्ण भक्तिकाल नवजागरण का 'गेय' साधन ले कर सीधे जनता के हृदय में घुस गया। आज जबकि अभिव्यक्ति के तमाम साधन जैसे समाचार पत्र, पत्रिकाएँ, पुस्तकें, रेडियो, टेलीवीजन बुद्धिजीवियों को उपलब्ध हैं। इसका एक मात्र कारण है पूँजीवादी एवं पेटी-बोजुंआ बुद्धिजीवियों का अभिव्यक्ति के इन सशक्त साधनों पर जबरदस्त नियंत्रण जिसका परिणाम है दूरदर्शन पर दिखाई जाने वाली अतिवादी रजनी (मन्नू भंडारी) आदर्शवादी पेइंगगेस्ट जनवादी 'हम लोग' (मनोहर श्याम जोशी) जैसे सिरियल्स। यही उन खतरनाक बुद्धिजीवियों की जमात है जिसने पिछले छत्तीस वर्षों जनता को विज्ञान के उन्नत अभिव्यक्ति के साधनों के सहारे अफीम की गोलियाँ खिला-खिला कर अफीमची जैसा बना दिया है जिससे जनता अज्ञान के गहरे कूप में फँसी केवल इससे बाहर निकलने के सपने देखती रहे। परन्तु कई स्तरों पर जनता की चेतना का जागृत होना इस बात का संकेत है कि वास्तविक ईमानदार बुद्धिजीवी अपनी विभिन्न सीमाओं के अन्दर जन की चेतना को विकसित कर रहे हैं।

सभी वर्ग के बुद्धिजीवी, सभी पूर्वाग्रहों का त्याग करके एक उच्च जन-चेतना का विकास करें। एक देश-व्यापी 'सशक्त सांस्कृतिक जन क्रान्ति' का आयोजन हो जिससे भारत की जनता की चेतना का उचित दृष्टिकोण के साथ विकास हो, तभी जनता में उचित-अनुचित में भेद करने की योग्यता आएगी और यदि ऐसा हुआ तो निश्चित पूँजीवादी सम्यता की धज्जियाँ उड़ जाएँगी।

●

खण्ड—२

स्वप्निल आँखों वाला विद्रोही कवि

[महान् रूसी कवि पुश्किन मेरे जीवन में आने वाले (पाठ्यक्रम के अतिरिक्त) पहले कवि थे। पुश्किन के खण्ड-काव्यों 'रूसलान और लुद्मिला, किस्सा मछली और मछुआ, सोने का मुर्गा ने मेरे बाल मन को उन दिनों बहुत बाँधा था। क्योंकि पुश्किन के इन खण्ड-काव्यों में कथाओं का नाटकीय उतार-चढ़ाव भाषा के अद्भुत शिल्प से एक सार था। बाद में मैंने पुश्किन की जीवनी पढ़ी तब मुझे ज्ञात हुआ कि पुश्किन को इन लोक-काव्यों की कच्ची सामग्री कहाँ से प्राप्त हुई। युवावस्था में मार्क्सवाद से प्रभावित होने के बाद मैंने पुश्किन को नये दृष्टिकोण से जानने के लिए पुश्किन साहित्य पढ़ा और बचपन में पढ़े पुश्किन के काव्य पर पुश्किन की महानता की चमचमाती मुहर लग गयी।

जब मैंने पुश्किन की जीवनी पढ़ी उस समय मैं बी० ए० का छात्र था। उन्हीं दिनों मैंने 'पुश्किन' पर 'स्वप्निल आँखों वाला विद्रोही कवि' नामक निबंध लिखा जो साप्ताहिक आज में १९७९ में प्रकाशित हुआ था। बाद में उस निबंध की कटिंग भी गुम हो गयी। प्रस्तुत निबंध संग्रह के लिए जब सामग्री संग्रहीत कर रहा था मुझे वह निबंध नहीं मिला अतः नये सिरे से प्रस्तुत निबंध लिखना पड़ा। पुश्किन विषयक सामग्री की कमी तथा समयाभाव लेखन में बहुत आड़े आया। प्रस्तुत निबंध का शीर्षक मैंने वही रखा जो पहले निबंध का था। उपसंहार में कुछ नयी जानकारियाँ दी गयी हैं]

"पुश्किन रूस का ऋतुराज था, पुश्किन रूस का सवेरा था, पुश्किन रूस का प्रथम पुरुष था।" अलेक्सांद्र सेर्गेयेविच पुश्किन का जन्म मास्को में एक कुलीन परिवार में हुआ था। पुश्किन की प्रारम्भिक शिक्षा 'त्सार्स्कीये सेलो' के 'लित्सेई' स्कूल में हुई थी। १८१४ में पुश्किन की पहली कविता 'एक मित्र कवि के प्रति' प्रकाशित हुई। १८१८ में पुश्किन 'हरा लैम्प' नामक साहित्यिक संस्था के सदस्य बन गये। इन दिनों किशोर पुश्किन अपना प्रथम खण्ड-काव्य 'रूसलान और लुद्मिला' लिख रहे थे जो १८२० में पूरा हुआ।

---

1. "Pushkin was the Russian spring, Pushkin was the Russian morning, Pushkin was the Russian Adam" 'On literature and art, A. Lunacharsky, Progress Publishers Moscow, 1973 Page No-75.

अब तक 'हरा लैंम्प' संस्था 'मुक्ति-समाज' के रूप में जाना जाने लगा था। इस संस्था के सदस्यों में देश-प्रेम, स्वतंत्रता और अन्याय का विरोध करने की क्षमता थी। यह संस्था बाद में 'दिसम्बरवादी समाज' कल्याण संघ की शाखा बनी। १८२० तक पुश्किन पर इस संस्था का प्रभाव पड़ चुका था। अपने एक मित्र लेखक, दार्शनिक प्योत्र चादायेव को सम्बोधित कविता 'चादायेव' के नाम, में पुश्किन के युवा मानस के दर्शन होते हैं। कविता बड़ी नहीं है और बिना पूर्णता के अपने सम्पूर्ण अर्थ-गाम्भीर्य को प्रकट नहीं करती—

बहला सके न बहुत समय तक
प्यार, ख्याति के भ्रम औ आशा,
ये यौवन के रंग लुटे यों
जैसे सपना, भोर-कुहासा
किन्तु निठुर-निर्मम सत्ता के
जुए तले भी हृदय धधकता,
उत्कट चाह लिये विह्वलता
वह आह्वान राष्ट्र की सुनता।
बेचैनी से राह देखते
आजादी के पावन क्षण की
जैसे करे प्रतीक्षा प्रेमी
प्रिय से निश्चित मधुर मिलन की।
हममे जब तक मुक्ति ज्वाल है
मनमें गौरव का स्पंदन है
मेरे मित्र कहें अर्पित सब
राष्ट्र, तुम्हें, जीवन, तन-मन है !
साथी, तुम विश्वास करो यह
चमक उठेगा सुखद सितारा
रूस नींद से जागेगा ही,
खंडहर पर तानाशाही के
लोग लिखेंगे नाम हमारा।[1]

यह पत्र १८१८ में लिखा गया था इसी साल पुश्किन इस संस्था में भर्ती हुए थे १९ साल की उम्र में, लेकिन पुश्किन पहले एक कवि थे। अजीब था

१. अलेक्सांद्र, पुश्किन, चुनी हुई रचनाएँ, खण्ड-१, प्रगति प्रकाशन मास्को, १९८२, पृष्ठ-९।

कुलीन घराने में पैदा हुआ 'कवि' विद्रोही बनने का लक्ष्य लिये हुए। लेकिन परिवर्तन इतनी जल्दी नहीं होता समय अपना एक निश्चित लक्ष्य पूरा करता हुआ गुजर जाता है। कुलीन घराने का मोह कुछ कम नहीं था। पुश्किन की इस समयावधि की कविताएँ प्रसाद जी की याद दिलाती हैं—

"स्मृतियों की सुख-लहर हृदय को आकुल करती
अनुभव होता मुझे भरी हैं आँखें फिर से
हृदय डूबता और हर्ष से कभी उछलता
मधुर कल्पना चिर परिचित फिर आयी घिर के।"[1]

•

उड़ते हुए जलद, दल-बादल बिखरे जाते सारे
ओ संतप्त, उदास सितारे ओ संध्या के तारे!
रजत-रुपहले, मैदानों को किरण तुम्हारी करती
काले श्रृंगों में खाड़ी में रंग रुपहला भरतीं।[2]

•

'औ' उदास से वन-आंगन वन-प्रांगन में
वह उदास सी चन्द्र छटा फैलाता है।
सूना-सूना बर्फ ढँका पथ सम्मुख है,[3]

•

मुझे याद है वह अद्भुत क्षण
जब तुम मेरे सम्मुख आईं
निर्मल निश्छल, रूप छटा-सी
जैसे उड़ती सी परछाईं।[4]

•

डूबी हुई प्रणय में तेरे बहती सरिताएँ
चमक लिये तम में दो आँखें सम्मुख आ जायें।[5]

१८२० में ही जार-विरोधी क्रिया-कलापों के कारण जार ने उन्हें दक्षिणी रूस में निर्वासित कर दिया। क्रीमिया जाते समय जहाज पर पुश्किन ने एक

---

१. अलेक्सांद्र पुश्किन, चुनी हुई रचनाएँ खण्ड-१ पृष्ठ-१०
२. वही पृष्ठ-१०।
३. वही पृष्ठ २०।
४. वही पृष्ठ १६।
५. वही पृष्ठ १२।

गीत लिखा जैसा कि पुश्किन द्वारा अपने भाई को भेजे एक पत्र से ज्ञात होता है—'गुर्जूफ' तक धूप नहाये 'तवरीदा' के तटों के साथ-साथ समुद्र यात्रा की····रात को जहाज पर मैंने एक शोक गीत लिखा[१] इस शोक गीत में अपनी मातृभूमि में बिताये मधुर क्षणों को कवि याद करता है साथ ही मातृ भूमि से बिछुड़ने का दर्द भी है, शोक भी है—

ओ लहराओ तुम उदास से विह्वल सागर
उड़ते जाते पोत, दूर मुझको ले जाना
इन कपटी, सनको लहरों को चीर भयंकर
किन्तु न केवल करुण तटों पर तुम पहुँचाना
मातृ-भूमि है जहाँ जहाँ है धुंध निरंतर
वहीं कभी तो धधक उठी थी मेरे मन में
प्यार-प्रणय भावावेशों की पहली ज्वाला ।[२]

'बंदी' कविता कवि में हो रहे परिवर्तन की तरफ इशारा करती है। और वह परिवर्तन पुश्किन की अगली कविता 'सागर से' में दिखाई पड़ती है। यह कविता पुश्किन के 'ओदेस्सा' से विदा लेते वक्त की है। यहाँ पर पुश्किन ने अपने निर्वासित जीवन का एक वर्ष बिताया था। इसके बाद वे अपने नये निर्वासन स्थान 'मिखाइलोव्स्कोये' गाँव के लिये रवाना हुए। 'सागर से' नामक कविता में पुश्किन के विचारों की परिपक्वता साफ देखी जा सकती है। यहाँ कवि विचारों की स्वतंत्रता का हामी है—

'उसके शव पर बेहद रोई आजादी'[3]

पुश्किन दलितों के भाग्य को समझ रहे थे—

शून्य हुआ संसार कहाँ तुम अब मुझको
बोलो सागर कहाँ मुझे ले जाओगे ?
लोगों का है भाग्य एक-सा सभी जगह
जहाँ कहीं कुछ भला, वहीं बंदूक लिये
किसी निरंकुश को तुम बैठा पाओगे ।[४]

---

१. अलेक्सांद्र पुश्किन, चुनी हुई रचनाएँ, खण्ड १ पृष्ठ २६० ।
२. वही पृष्ठ ९०
३. वही पृष्ठ १४ ।
४. वही पृष्ठ १४-१५ ।

रूस के प्रख्यात मार्क्सवादी आलोचक लूनाचरस्की के अनुसार 'पुश्किन ने अत्यधिक कष्ट भोगा क्योंकि वह रूस के प्रथम साहित्यकारों में से था। ... उसने जीवन में इतनी यातनाएँ इसलिए भोगीं क्योंकि वह आश्चर्यचकित करने वाली अग्नि की लपटों का पुष्प था जो रूस के कठोर मौसम में घिर गया जहाँ हमेशा शीत और रात्रि ही छायी रहती थी।"[१] पुश्किन ने इस शीत और रात्रि को धुंध कहा है—

"मातृ भूमि है जहाँ, जहाँ है धुंध निरंतर"[२]

लेकिन रूस की शीत, रात्रि की कालिमा, ज़ार का कोप मिलकर भी रूसी साहित्य के 'अग्नि-पुष्प' की ज्वाला को फीका न कर सके। अपने नये निर्वासन स्थान 'मिखाइलोव्स्कोये गाँव' में प्रवास के दौरान पुश्किन ने अपने भावी कार्यक्रमों की योजना बनाई। जार के कोप-अत्याचार से बचते हुए कैसे दीन-दुखी अत्याचारों में पिसती जनता के हृदय में शक्ति का संचार किया जा सकता है। पुश्किन को इसकी राह मिल गयी थी। इसके लिए उन्होंने लोक कथाओं को माध्यम बनाया क्योंकि लोक-कथाएँ जनता के मानस के अत्यधिक निकट होने के कारण लोक-जीवन में गहरे पेवस्त थीं। और लाक्षणिक रूप से इनके माध्यम से शोषण और अत्याचार का विरोध भी किया जा सकता था। धीरे-धीरे विरह-वेदना शांत होती गयी और पुश्किन लोक-जीवन से सम्पृक्त होते गये।

पुश्किन को लोक-गीतों के जादुई अस्तित्व का ज्ञान कराने में पुश्किन की आया 'अरीना रेदिओन्ना' की महत्वपूर्ण भूमिका थी। 'गन्निबाल'[४] परिवार की भू-दास इस किसान नारी को पुश्किन के जन्म पर भू-दासता से मुक्ति मिली थी। साधारण लोगों के बीच से आयी इस गुणवती नारी को अनेक गीत, दन्त कथायें-लोक कथायें, किस्से कहानियाँ याद थीं जिनका कवि ने अपने कृतित्व में

---

१. "He suffered much because He was the first ....He suffered much because his miraculous, fiery, exquisite genius blossomed in the harsh climate of Russia where it was still almost winter, almost night."—A Lunacharsky: on Literature and Art, Progress, Publishers, Moscow, 1973, Page-76

२. अलेक्सांद्र, पुश्किन चुनी हुई रचनाएँ, खण्ड-१ पृष्ठ-१०।

३. वही पृष्ठ २६।

४. पुश्किन की माँ का कुलनाम

उपयोग किया। अपने 'मिखाइलोव्स्कोये गाँव' के निर्वासित जीवन में 'पुश्किन' ने अपनी आया को समर्पित अनेक कविताएँ लिखीं। पुश्किन ने अरीना रेदिओव्ना' के बारे में लिखा था—"......वही मेरी एक मात्र मित्र है—शामों को अपनी आया से किस्से कहानियाँ सुनता हूँ और केवल उसी के साथ मुझे उब अनुभव नहीं होती।"[1] 'जाड़े की शाम' नामक कविता 'मिखाइलोव्स्कोये गाँव' में पुश्किन के जीवन का चित्र प्रस्तुत करती है कवि ने अपनी 'आया' को इसे समर्पित किया है—

"नभ को ढँकता धुंध तिमिर से
बर्फ उड़ाता अंधड़ आता
शिशु सा कभी मचलता रोता
कभी दरिंदे सा चिल्लाता

जर्जर, टूटा हुआ झोपड़ा
सूना, जहाँ अंधेरा छाया
बैठी हुई निकट खिड़की के
क्यों तुम चुप हो बूढ़ो आया ?

सागर पार शान्ति से चिड़िया
रहती थी यह गीत सुनाओ,
कैसे प्रातः पानी लाने
जाती थी युवती यह गाओ।"[3]

पुश्किन के हृदय में इस 'बूढ़ी आया' के ममत्व के प्रति आदर का भाव था। जैसे घर की बूढ़ी दादी-नानी से होता है। अपनी 'आया' को समर्पित एक अन्य कविता 'आया के प्रति' में पुश्किन ने अपनी कृतज्ञ भावनाओं को अभिव्यक्त किया है—

"मेरे बुरे दिनों की साथी, मधुर संगिनी
बुढ़िया प्यारी जीर्ण-जरा।
सूने चीड़ बनों में तुम ही राह देखतीं
कब से मेरी नजर टिका॥"[2]

---

१. अलेक्सांद्र पुश्किन, चुनी हुई रचनाएँ, खण्ड-१, पृष्ठ १७-१८।

२. वही पृ० २२

ज़ार के शोषण और उसकी निरंकुशता के फलस्वरूप ऊँचे घराने के युवक तथा सैनिक अधिकारियों ने ज़ार के विरुद्ध बगावत करने की ठानी और १४ दिसम्बर १८२५ के दिन पीटर्सबर्ग (आज का लेनिनग्राद) के सिनेट चौक में दिसम्बर-वादियों ने जारशाही के विरुद्ध खुला विद्रोह कर दिया लेकिन ज़ार की बर्बर तानाशाही ने जल्दी ही इस विद्रोह को कुचल दिया। सैकड़ों दिसम्बर-वादियों को गिरफ्तार कर लिया गया। पुश्किन दिसम्बरवादियों के साथ थे। उनकी कविता 'पैगम्बर' इन्ही दिसम्बरवादियों को समर्पित है। "पैगम्बर के रूप में पुश्किन का अभिप्राय कवि से है। पुश्किन के एक समकालीन के अनुसार उन्होंने पैगम्बर शीर्षक के अन्तर्गत चार कविताएँ रची थीं और वे १४ दिसम्बर १८२५ की घटनाओं को समर्पित थीं।"[१] प्रस्तुत कविता पाँच दिसम्बरवादियों के फाँसी पर चढ़ाये जाने की सूचना मिलने के फौरन बाद लिखी गयी थी। शेष तीन कविताएँ सुरक्षित नहीं रहीं। इस कविता में पुश्किन के विचारों की परिपक्वता तथा जनता के प्रति उनकी प्रतिबद्धता स्पष्ट दिखाई पड़ती है—

"ओ पैगम्बर' उठो, सुनो तुम
दो मेरे शब्दों पर कान,
मेरी इच्छा को, लेकर तुम
सभी जगह जग में जाओ
दहक रहे शब्दों से अपने
सब के अंतर धधकाओ।"[२]

दिसम्बरवादियों का विद्रोह असफल हो गया लेकिन इस घटना ने पुश्किन को भविष्य के लिए और भी विद्रोही बना दिया सुप्रसिद्ध रुसी साहित्य समालोचक 'विस्सारिओन बेलीन्स्की' ने उचित ही कहा है—"·····पुश्किन उन मेधाओं, ऐतिहासिक महत्व के उन लोगों में से हैं जो वर्तमान के लिये काम करते हुए भविष्य की जमीन तैयार करते हैं।" ये जमाना 'जिप्सी' का था। दिसम्बरवादी विद्रोह के पहले पुश्किन का अन्तिम रोमानी खण्ड-काव्य 'जिप्सी' (१८२४) बहुत ही लोकप्रिय हुआ था। रोमानी प्रकृति वाले अपने निर्वासित नायक को जो सभ्य समाज से, जहाँ शारीरिक और नैतिक दासता का बोल-बाला है, मुक्ति की इच्छा लेकर भागता है। इसे पुश्किन ऐसी जगह ले जाते हैं जहाँ न तो कोई कानून-कायदे हैं, न किसी तरह की मजबूरियाँ हैं, और न ही पारम्परिक दायित्व हैं। यहीं पुश्किन कविता में दिखाते हैं कि अपने लिये स्वतंत्रता की मांग करने वाला

---

१. वही पृ० २७२
२. वही पृ० २०

काव्य-नायक 'ओलेको' दूसरों को इस तरह की आजादी नहीं देना चाहता, यदि इन अधिकारों को देने से उसके हितों को क्षति पहुँचती है।

पुश्किन ने अपने इस खण्ड-काव्य में परम्परागत रोमानी, स्वतंत्रताप्रेमी काव्य-नायक और निरपेक्ष रोमानी आजादी के आदर्श को भी खंडित किया है। व्यक्ति और समाज के पारस्परिक विरोधों तथा असंगतियों पर प्रकाश डालने वाली ये सभी समस्याएँ दिसम्बरवादी विद्रोह के पहले के वर्षों में विशेषतः अत्यन्त महत्वपूर्ण थीं। अतः पुश्किन की इस लम्बी कविता को काफी लोकप्रियता प्राप्त हुई। "कवि 'रिलेयेव' ने २५ मार्च १८२५ के अपने पत्र में पुश्किन को लिखा—"जिप्सी पर तो सब दीवाने हैं।"[१]

जिप्सी के उपसंहार में पुश्किन ने लिखा है—

"शायद उन गीतों गानों में जादू है ऐसा
जो मेरी विस्मृतियों के धुंधले-धुंधले मानस पर
दुःख के काले-काले, सुख के उजले दिवस, पहर
यों सजीव सा कर देता है, जब-तब रह-रह कर।"[२]

कुलीन घराने के उच्च सबंधों की बदौलत तत्कालीन ज़ार 'निकोलाई प्रथम' ने पुश्किन के निर्वासन की सजा माफ कर दी और १८२६ में पुश्किन को ऊँचा ओहदा देकर 'पीटर्सबर्ग' बुला लिया गया। पुश्किन यह जानते थे कि उनकी वापसी तथा नया पद उन्हें उनके उच्च पारिवारिक सम्बंधों के कारण मिला है और इसके पीछे उनसे उच्च वर्ग के लिए कला-सृजन की अपेक्षा है लेकिन पुश्किन ने धनी लोगों के लिए रची जाने वाली इस कला को कभी स्वीकृत नहीं किया। धनी लोगों के लिए रची जाने वाली इसी कला को लियो-तोलस्तोय ने 'वेश्यावृति' कहा था। उलटे निर्वासन से वापस आने के पश्चात पुश्किन ने 'साइबेरिया को संदेश' तथा 'अंतजर' जैसी कविताएँ लिखीं जो व्यवस्था पर सीधे चोट करती हैं तथा पीड़ितों के पक्ष मे खड़ी होती हैं। 'साइबेरिया को संदेश' नामक कविता साइबेरिया में निर्वासित दिसम्बरवादियों को संबोधित है। इसे पुश्किन ने दिसम्बरवादी 'निकीता मुराव्योव' की पत्नी 'अलेक्सांद्रा मुराव्येवा' के हाथ साइबेरिया भेजी जो अपने पति के साथ स्वेच्छा से निर्वासित जीवन बिताने साइबेरिया चली गयी थी। इस कविता में पुश्किन ने अपने निर्वासित मित्रों को आजादी, आशा और उत्साह का संदेश दिया है—

---

१. वही पृ० २६५
२. वही पृ० ७३

"साइबेरिया की उन गहरी खानों में भी
तुम गर्वीला धीरज अपना नहीं गवाना
व्यर्थ न जायेंगे ऊँचे आदर्श तुम्हारे
ऐसे खटना, पिसना, यों श्रम-स्वेद बहाना।"[१]

पुश्किन को अपनी जनता के मुक्ति-संघर्ष में अटूट आस्था है, जनता की विजय पर भरपूर भरोसा है ऐसा उनकी प्रारम्भिक कविताओं से ही ज्ञात हो जाता है 'चादायेव के नाम' कविता में ही उन्होंने लिखा है—

"रूस नींद से जागेगा ही
खंडहर पर तानाशाही के
लोग लिखेंगे नाम हमारा"[२]

इसी तरह अपने साइबेरिया निर्वासित मित्रों को वे भरोसा देते हैं—

"दु:ख दर्दों के बाद इसे तुम निश्चय मानो
आस-किरण की ज्योति तमस में आयेगी ही
होगा तब संचार हृदय में सुख साहस का
वह मनवांछित धड़ी संग में लायेगी ही।"[३]

और सभी जनों की वह मनवांछित घड़ी जब आयेगी तो—

"निश्चय ही जंजीरें सारी टूट गिरेंगी
बंदीघर भी खण्ड-खण्ड हो ढहें, गिरेंगे
हुलस खुशी से आजादो तब गले मिलेंगी।"[४]

'अंतजर' कविता ज़ार की निरंकुशता तथा क्रूरता पर सीधे चोट करती है। पुश्किन के निर्वासन की सजा माफ करने की एक शर्त यह भी थी कि भविष्य में पुश्किन अपनी रचनाएँ ज़ार की 'सेंसर समिति' की स्वीकृति के पश्चात ही प्रकाशित करवा सकेंगे। इसी लिये इस कविता में पुश्किन को 'ज़ार' के स्थान पर 'किसी राजा' का प्रयोग करना पड़ा। पहली बार इस कविता में 'ज़ार' शब्द ही छपा था। इस कविता के बाद ही पुश्किन के लिए अपनी रचनाओं पर सेंसर की स्वीकृति अनिवार्य कर दी गयी। 'अंतजर' एक विष-वृक्ष होता है।

१. वहीं पृ० २२
२. वही पृ० ९
३. वही पृ० २२
४. वही पृ० २३

ज़ार इसके विष से अपने तीरों को विषैला बनाता है। प्रस्तुत कविता में पुश्किन ने यह दिखाया है कि कैसे निरंकुश सत्ता मानवता का घ्वंस करती है। कविता के प्रारम्भिक चार पदों में विष-वृक्ष की भयानकता का वर्णन है। ज़ार अपने दास को इसका जहर लाने को भेजता है—

"किन्तु किसी राजा ने अपने दास विवश को
इसे खोजने को जाने का हुक्म सुनाया....
....ले आया, लेकिन दुबलाया और कुटी में
फटी दरी पर जा बिल्कुल बेजान गिरा वह
चरणों में ही उस अजेय स्वामी के अपने
तड़प-तड़प कर ऐसे ही असहाय मरा वह।
उस राजा ने, उस स्वामी ने, उसी जहर से
जहरीले औ, आज्ञाकारी तीर बनाये"[१]

अब पुश्किन की कविता तीखी, आक्रामक परंतु सीधी और सरल होती जा रही थी जो पाठक के मन में सीधे-सीधे आसानी से उतरती जाती थी। रूस के प्रसिद्ध साहित्यकार तथा समाजवादी यथार्थवाद के जनक मक्सिम गोर्की ने लिखा है—"पुश्किन की कविता जादुई आकर्षण, अविस्मरणीय सौन्दर्य और अवर्णनीय सहजता से परिपूर्ण है। वह बड़ी आसानी से हमारी आत्मा में उतर जाती है और सदा के लिए वहीं अपना घर बना लेती है।"[२]

१८३० का वर्ष पुश्किन के जीवन में महत्वपूर्ण स्थान रखता है। इसी वर्ष पुश्किन का विवाह कुलीन घराने में पैदा रूप सी कुमारी नताल्या निकोलायेव्ना गोंचारोवा के साथ हुआ। पुश्किन अपनी पत्नी के सौंदर्य से कुछ समय के लिए प्रभावित भी हुए थे। अपनी पत्नी को सम्बोधित "तीन कविताएँ" महाकवि के दाम्पत्य की तीन अवस्थाओं की ओर इशारा करती हैं। पहली कविता 'सुघढ़ सुडौल सुंदरी तुमको' में ही पुश्किन ने पत्नी की बेरुखी का वर्णन किया है—

बड़ी बेरुखी से सुनती हो
इसी लिए तुम मेरी बात।'[3]

कुलीन घराने की सुन्दरी गोंचारोवा पुश्किन के ज़ार विरोधी मानसिकता को भी स्वीकार नहीं करती थी। अपनी दूसरी कविता 'उनींदी रात में' पुश्किन अपनी पत्नी को समझने की बड़ी ईमानदारी से कोशिश करते हैं—

---

१. वही पृ० २४-२४
२. वही कवर
३. वही पृ० ३१

सूनी, ऊब भरी फुस-फुस का
क्या मतलब है बतलाओ
क्या बीते दिन की चुगली या
निंदा इतना समझाओ
क्या कुछ चाह रही हो मुझसे
क्या अनुरोध तुम्हारा है ?
यह पुकार, आह्वान, कि भावी
कल की ओर इशारा है ?[1]

पुश्किन अपने दामपत्य जीवन, पत्नी के अधिकारों के लिए सचेष्ट हैं लेकिन जिस महान कार्य के लिए कवि ने स्वयं को समर्पित कर दिया है उसे भी तो बीच में नहीं छोड़ा जा सकता । जिस आग में तप कर पुश्किन कुंदन बने थे नताल्या के प्रेम में उसका अंश मात्र भी विद्यमान नहीं था । पत्नी को सम्बोधित अंतिम कविता में पुश्किन के आत्म निर्णय की झलक मिलती है बावजूद इसके कि नताल्या पुश्किन को कभी समझ न पायी जब कि अपनी सुंदर पत्नी के कारण ही पुश्किन को कम उम्र में अपनी जान गवानी पड़ी । कविता का नाम ही है 'विदा'—

मन ही मन दुलरा लूँ मैं प्रिय बिम्ब तुम्हारा
ऐसा साहस करता हूँ मैं अंतिम बार
....वर्ष हमारे भागे जाते, बदल रहे हैं

बदल रहे वे हमको, सब कुछ बदल रहा
अपने कवि के लिए प्रिये तुम तो ऐसे
मानो किसी कब्र का ओढ़े तम जैसे

....मेरे मन की कर लो अंगीकार विदा
विदा जिस तरह से हम विधवा को करते
बाहों मे चुपचाप मित्र को ज्यों भरते
निर्वासन से पहले लेते गले लगा ।"[2]

पत्नी से विदा लेकर १८३० को पतझर में पुश्किन अपनी पैत्रिक जागीर में 'बोल्दीनो गाँव' आ गये । बोल्दीनों में बिताये गये तीन महीनों के दौरान

१. वही पृ० ३५
२. वही पृ० ३५-३६

पुश्किन ने 'पाँच लघु त्रासदियाँ' 'ईवान बेल्किन की कहानियाँ' 'कोलोमना में एक घर' 'खण्ड कविताएँ' तीस कविताएँ और अनेक लेख लिखे।

१८३० से १८३५ के मध्य पुश्किन का लेखन अपनी चरम सीमा पर पहुँच गया था। खण्ड काव्यों में 'तांबे का घुड़सवार' (१८३३)' काव्य कथाओं में 'किस्सा मछली मछुए का' (१८३३), 'सोने का मुर्गा' (१८३४), काव्य-नाटिकाओं में 'कंजूस सूरमा' (१८३०), 'मोजार्ट और सालेरी' (१८३०), 'पाषाणी अतिथि' (१८३०), तथा 'जलपरी' (१८३२), प्रकाशित हुई।

१८३३ में पुश्किन का सुप्रसिद्ध खण्ड-काव्य 'तांबे का घुड़सवार' अर्थात् 'पीटर्सबर्ग का एक किस्सा' प्रकाशित हुआ। इस किस्से में वर्णित घटना सच्चाई पर आधारित है। इसकी सारी घटनाएँ तत्कालीन पत्र-पत्रिकाओं से ली गई हैं। पाठक इसके लिए व० न० वेर्ख की इतिहास पुस्तक देख सकते हैं। यह खण्ड-काव्य पुश्किन की सबसे गहन, साहसपूर्ण और कलात्मक दृष्टि से परिमार्जित रचना है। इस खण्ड-काव्य में परस्पर विरोधी दो शक्तियों को स्वाभाविक बिम्बात्मक रूप में प्रस्तुत किया गया है। एक शक्ति तो 'पीटर महान्' के रूप में राज्य-सत्ता का प्रतिनिधित्व करती है। दूसरी शक्ति है अपनी आशाओं और दुःख-दर्दों के साथ सामान्य जनता। इस कविता में ७ नवम्बर १८२४ की आई उस भयानक बाढ़ का भी वर्णन है जिसने पीटर्सबर्ग में भीषण तबाही मचाई थी। उन दिनों पुश्किन मिखाइलोव्स्कोये में निर्वासित जीवन बिता रहे थे। "यह बाढ़ मुझे पागल किये दे रही है।"[1] ४ दिसम्बर १९२४ को अपने भाई को लिखे पत्र में पुश्किन ने लिखा—"अगर तुम किसी बदकिस्मत की मदद करना चाहो तो ओनेगिन की रकम ('येव्गेनी ओनेगिन' के प्रकाशन से प्राप्त) से मदद करो। किन्तु किसी भी तरह का जबानी या लिखित रूप से ढ़ोल पीटे बिना।"[2] यह पत्र पुश्किन की मानवता के उच्च शिखर का 'दस्तावेज' है। पुश्किन के दिव्य मानवतावाद का भविष्य के साहित्यकारों खासकर 'लेव तोलस्तोय' पर गहरा और खास प्रभाव पड़ा था।

बहुत से लोग पुश्किन को मात्र एक कवि के रूप में जानते और मानते हैं। इसका कारण यह है कि पुश्किन का काव्य ही इतना महान् और ऊँचा है कि सहसा पुश्किन के पद्य पर दृष्टि नहीं जाती जैसे पुश्किन काव्य पुश्किन के गद्य को ढंक सा लेता है लेकिन जिन्होंने 'इवान बेल्किन की कहानियाँ' (१८३०), उपन्यासों

---

१. वही पृष्ठ २७७

२. वही पृष्ठ २७७

में 'हुक्म की बेगम' (१८३३), 'कप्तान की बेटी' (१८३६), को पढ़ा है वे जानते हैं कि मात्र पाँच कहानियाँ तथा दो पूर्ण और अपूर्ण (पीटर महान् का सेवक) उपन्यास ही पुश्किन को रूसी गद्यकारों की प्रथम पंक्ति में बैठाने के लिए पर्याप्त हैं। अपने समय के महान् रूसी उपन्यासकार 'लेव तोलस्तोय' ने लिखा—"बहुत समय हो गया क्या आपको पुश्किन का गद्य एक बार फिर से पढ़े हुए ? कृपया इतना कीजिए—सबसे पहले तो बेल्किन की सभी कहानियाँ पढ़ लीजिए। हर लेखक को उन्हें पढ़ना चाहिए हाल ही में मैंने ऐसा किया और आपको यह बता नहीं सकता कि मुझ पर इसका कितना हितकर प्रभाव पड़ा।"[3]

रूसी साहित्य में पुश्किन ही ऐसे प्रथम लेखक थे जिन्होंने रूस की जनता के विभिन्न जीवन और रहन-सहन का चित्रण आरम्भ किया। इसीलिए लूनाचरस्को ने लिखा है—"पुश्किन ने हमारे लिए वही काम किया जैसा कि दांते और पेट्राट ने इटली के लिए किया, सत्रहवीं शताब्दी के महापुरुषों ने फ्रांस के लिए किया, लेसिंग, शिलर और गोयते ने जर्मनी के लिए किया।"[1] भू-दासों की स्थिति की ओर पुश्किन ने विशेष ध्यान दिया। अपने जीवन के अन्तिम वर्षों में उनकी कलात्मक गद्य रचनाओं—गोयूखिनो गाँव की कहानी, दुब्रोव्स्की, कप्तान की बेटी; आदि में किसानों का विषय उनकी गद्य कृतियों का मुख्य विषय बन गया।

उपसंहार

अत्यधिक स्पष्टता, अभिव्यक्ति की संक्षिप्तता और यथातथ्यता, अलंकृत करने वाले किसी भी प्रकार के रूपकों और विशेषणों से रहित, तीव्र गति से बढ़ता कथानक पुश्किन की शैलीगत विशेषताएँ हैं। यथातथ्यता और संक्षिप्त आकार जैसे गद्य के गुण पुश्किन को शैली में विद्यमान हैं। इन्हीं विशेषताओं के कारण पुश्किन रूसी साहित्य के महान संशोधक और यथार्थवादी गद्य के प्रवर्तक बने।

---

३. अलेक्सांद्र पुश्किन, 'चुनी हुई रचनाएँ' खण्ड-२ कवर फ्लेप

1. "What Dante and Petrarch did for Italy, the giants of the seventeenth Century for France, Lessing, Schiller and Goethe for Germany—Pushkin did for us."

— A Lunacharsky, 'On literature and Art, Progress Publishers, Moscow, 1973, Page No. 75

पुश्किन ने भू-दास प्रथा के विरुद्ध न सिर्फ अपनी आवाज बुलन्द की बल्कि सक्रिय रूप से गावों में जा कर इस क्रूर सामन्ती प्रथा के विरुद्ध जन-मानस को तैयार किया अपनी जागीर लगभग भूमिहीन किसानों को सौंप दी। इस प्रकार पुश्किन ने सीधे-सीधे सामन्ती स्वेच्छाचारिता के विरुद्ध किसानों और भू-दासों के लिए संघर्ष किया।

पुश्किन ने जनता और साहित्यकार के बीच जिस प्रत्यक्ष रिश्ते की नींव डाली वह कालान्तर में रूस में और भी अधिक विकसित हुई और रूस में साहित्यकार जनता का हाथ बन गया। इस हाथ ने लेनिन के नेतृत्व में अपनी मुक्ति के लिए होने वाली बोल्शेविक क्रांति में अपनी अभूतपूर्व भूमिका निभाई। गोर्की की 'माँ' और आस्त्रायव्स्की को 'अग्नि दीक्षा' इसके ज्वलंत प्रमाण हैं।

मई १८७३ को महान् उपन्यासकार 'लियो तोलस्तोय' ने अपने मित्र न० न० स्त्राहोव को प्रेषित पत्र में अपने विश्व प्रसिद्ध उपन्यास 'अन्ना केरेनिना' के विषय में लिखा—"इस उपन्यास ने जो सही माने में मेरे जीवन का पहला उपन्यास था। मेरी आत्मा को छू लिया....। इसकी कल्पना अनायास ही 'दिव्य पुश्किन' की बदौलत मेरे मन में उठी (देखें 'लेव तोलस्तोय' बचपन, किशोरावस्था, युवावस्था)।"

तोलस्तोय के उपन्यास अन्ना केरेनिना पर न केवल मानववादी पुश्किन का प्रभाव है बल्कि तोलस्तोय ने महाकवि पुश्किन की बड़ी पुत्री 'मरीया अलेक्सांद्रोव्ना पुश्किना' को अन्ना केरेनिना के अमर पात्र का आधार भी बनाया।

पुश्किन बाद के रूसी लेखकों का प्रस्थान बिंदु बन गया। इसी लिए साहित्यिक वरीयता के क्रम में वो सर्वोच्च है। यही कारण है कि पुश्किन रूसी साहित्य के सर्वोत्तम भण्डार की तरह आज भी मजबूती से खड़ा है। रूसी साहित्य को, रूसी साहित्यकारों की भावी पीढ़ी को उसने अपने हाथों में देखा परखा और उन्हें ममता से कला का ज्ञान दिया। इतने पूर्ण और मधुर साहित्यकार को हम केवल रूस की आत्मा की सच्चाई की ही अभिव्यक्ति नहीं बल्कि सार्वजनिक मानवता की सम्पत्ति कहेंगे। सार्वजनिक मानवता की इन अनुभूतियों को पुश्किन ने जिस तरह रूसी भाषा में प्रस्तुत किया, आने वाली पीढ़ियों को इसके लिए पुश्किन का कृतज्ञ होना चाहिए। बेशक हम कह सकते हैं कि पुश्किन के गीतों में हमें मधुर वसंत के प्रथम घूंट के स्वाद की अनुभूति होती है।

●

अंधेरे में रौशनी की चीख

मुक्तिबोध जन चेतना से लैस कवि थे, मुक्तिबोध ने जन, जनता, मानव, जनतन्त्र आदि शब्दों पर अपने समीक्षात्मक लेखों में बड़ी ही सावधानी से विचार किया है। मुक्तिबोध ने अपने एक छोटे निबन्ध जिसका शीर्षक "जनता का साहित्य किसे कहते हैं" है में जनवादी साहित्य की अपेक्षाओं को अत्यन्त प्रभावशाली ढंग से रेखांकित किया है। उन्होंने इस निबन्ध में स्पष्ट किया है कि जनता का साहित्य से हमारा तात्पर्य यह कदापि नहीं है कि जो साहित्य जनता की समझ में तुरन्त आ जाए वही जनता का साहित्य है, जनता की आशा, आकांक्षा, उसकी भूख-प्यास का चित्रण करने वाला तथा उसे मुक्तिपथ पर अग्रसर करने वाला सभी प्रकार का साहित्य जनता के साहित्य के अन्तर्गत आ जाता है। इस सम्बन्ध में उनकी मान्यता है "जनता के मानसिक परिष्कार उसके आदर्श, मनोरंजन से लगाकर क्रान्ति पथ पर मोड़ने वाला साहित्य, मानवीय भावनाओं का उदात्त वातावरण उपस्थित करने वाला साहित्य-शोषण और सत्ता के घमंड को चूर करने वाला, स्वातन्त्र्य और मुक्ति के गीतों वाला साहित्य-प्राकृतिक शोभा और प्रकृति के सुकुमार दृष्यों वाला साहित्य सभी प्रकार का साहित्य सम्मिलित है—बशर्ते वह मन को मानवीय जन को जन बना सके और जनता को मुक्तिपथ पर अग्रसर कर सके। साहित्य के सम्बन्ध में यही दृष्टिकोण जनता का दृष्टिकोण है।" यहाँ यह ध्यान देने की बात है कि साधारणतः सामान्य जन या मेहनतकशों के बारे में मात्र लिख देने से ही कोई साहित्य जनवादी नहीं हो जाता, बल्कि काव्य में जनता को लेकर किस नजरिये से लिखा गया है और वास्तविक रूप में उसका वर्ग चरित्र स्पष्ट हो रहा है या नहीं, साहित्य जनता की उचित आशा-आकांक्षाओं, रोजी-रोटी की समस्याओं को चित्रित करते हुए उसे उत्पीड़न की कारक शक्तियों के विरुद्ध एक जुट होकर संघर्ष के लिए तैयार कर रहा है या नहीं। जनवादी साहित्य के अन्तर्गत ये सभी बातें विचारणीय हैं। इसके लिए यह कत्तई जरूरी नहीं कि मेहनतकश जनता के बारे में लिखा हुआ साहित्य ही जनवादी साहित्य हो सकता है बल्कि मिल मालिक या भू-स्वामी जमींदारों के बारे में लिखा हुआ साहित्य भी जनवादी हो सकता है, बशर्ते मिल मालिक या जमींदारों और जनता के बीच के संघर्षों को सर्वहारा की दृष्टि से अभिव्यक्ति प्रदान की जाए, इसी प्रकार मजदूर या भूमिहीन किसानों के बारे में लिखा हुआ साहित्य जनविरोधी या जनवाद विरोधी साहित्य हो सकता है अगर नजरिया पूँजीवादी-सामंतवादी हो।

मुक्तिबोध की कविताओं में उनकी अन्तर्रात्मा के उक्त प्रयोजन जनवादी चेतना से सम्पृक्त होकर किस प्रकार जनवादी अनुरोध और आग्रह बन जाते हैं, यह उसकी कविताओं में स्पष्ट रूप से देखा जा सकता है, इसीलिए मुक्तिबोध लिखते है—

कि अपनी मुक्ति के रास्ते
अकेले में नहीं मिलते

—चकमक की चिन्गारियाँ,

आत्म मुक्ति या व्यक्ति मुक्ति को जनमुक्ति की अनिवार्यता मानने वाले मुक्तिबोध ने काव्य को आत्मपरक से योग परक होने की एक सांस्कृतिक प्रक्रिया के रूप में स्वीकार किया है यहाँ यह स्पष्ट रूप से समझ लेना चाहिए कि वर्तमान ध्रुवीकरण के तहत जनवादी मोर्चा और जनवादी चेतना में अन्तर है, जनवादी चेतना निश्चित रूप से जन चेतना है जो अपने आधार स्वरूप व अपने मूल प्रवृत्ति में वामपन्थी वर्गीय चेतना है। वर्गीय विषमता से ग्रस्त समाज में यह वर्ग चेतना कवि को वास्तविक जनगण के करीब ले जाती है जनता से एकात्म करते हुए उसे यह समझ देती है कि जनता ही उसकी शक्ति या मूल प्रेरणा का समस्त स्रोत है।

मुक्तिबोध की पक्षधरता शोषित पीड़ित सर्वहारा के साथ है—

अरे जनसंग उष्मा के
बिना व्यक्तित्व के स्तर जुड़ नहीं सकते

× × ×

बशर्ते तय करो
किस ओर हो तुम अब
सुनहले ऊर्ध्व आसन के
बदलते पक्ष में अथवा
कहीं उससे लुटी-टूटी
अंधेरी निम्न कक्षा में तुम्हारा मन
कहाँ हो तुम। —चकमक की चिंगारियाँ

मुक्तिबोध आत्म मुक्ति के लिए जनमुक्ति को आवश्यक मानते हैं वे आत्म विकास को जनजीवन के विकास की पहली शर्त मानते हैं, अपने जीवन लक्ष्यों को साधारण जनों के लक्ष्यों के साथ एकाकार कर देते हैं, यहाँ उनकी वर्गीय पक्षधरता है, पक्ष दो ही हैं एक "सुनहले उर्ध्व आसन पर" विराजमान शोषक

वर्ग का पक्ष और दूसरा उससे उत्पीड़ित और पददलित "अंधेरी निम्न कक्षा में" कराहता हुआ शोषित वर्ग का पक्ष।

मुक्तिबोध के कवि व्यक्तित्व को, कवि की रचना प्रक्रिया और अर्थ प्रक्रिया को, समझने का महत्वपूर्ण सोपान है उनका ज्ञानात्मक आधार। ज्ञान की यही द्वंद्वात्मक भौतिकवादी समझ मुक्तिबोध के ज्ञानात्मक आधार को समझने की कुंजो है, जिसकी पहली शर्त है उस वास्तविक एवं परिवर्तनशील सामाजिक यथार्थ को सामने लाना जिनसे टकराकर मुक्तिबोध कविता लिखते हैं।

मुक्तिबोध के लिए कविता की नियति का प्रश्न मनुष्य के नियति के प्रश्न से जुड़ा हुआ था। कविता स्थूल स्तरों पर समाज को परिवर्तित नहीं करती, लेकिन कर्तव्य वश नहीं बल्कि स्वभाव वश कविता संकट का, मृत्यु का अहसास कराती है, मनुष्य का भीतरी संकट ही कला का कर्मक्षेत्र है दूसरे शब्दों में रचनाकार का रचना क्षेत्र है जिस कवि की कविता में संकट बोध जितना ही गहरा और व्यापक होता है, वह अपने युग का उतना ही समर्थ प्रतिनिधि कवि होता है।

मुक्तिबोध की कविता मनुष्य की दशा को सैकड़ों स्तरों पर और सैकड़ों रूपों में उपस्थित करती है, ये कविताएँ अभिव्यक्तियाँ नहीं हैं, मनुष्य के आत्म संहार के भयानक और आक्रामक चित्र····समकालीन मनुष्यता का यथार्थ सचमुच ही इतना भयावह है कि उसे देखकर आदमी अन्धा हो सकता है। सम्बोधित कर गूंगा हो सकता है और उससे नंगा साक्षात्कार कर आत्मघात कर सकता है। कविता यथार्थ को देखने योग्य सम्बोधन योग्य और संवाद योग्य बनाती है। गूंगे और अन्धे हो जाने के भय से हिन्दी की यशस्वी कवि पीढ़ी ने जिस यथार्थ से साक्षात्कार करने से इन्कार किया, मुक्तिबोध ने उसे संवाद योग्य बनाया।"

अपने समस्त लेखन में मुक्तिबोध के सामने सबसे बड़ी चुनौती उनके ऊपर नये कवितावादियों तथा नये कवि समीक्षकों द्वारा की गई समीक्षा रही है, मुक्तिबोध की जनवादी चेतना बहुत प्रखर थी. मुक्तिबोध की पक्षधरता पीड़ित शोषित इन्सानों के प्रति रही है। मुक्तिबोध ने पक्षधरता के प्रश्न को मानवीय चेतना के रूप-स्वरूप से भी देखा है। वर्ग विभाजित समाज में कलाकार की चेतना का रूप भी प्रायः वर्गीय हो जाता है; धर्म, दर्शन, राजनीति, कला, साहित्य आदि सभी मानवीय चेतना के रूपायन के विविध रूप हैं। इस सम्बन्ध में द्वन्द्वात्मक भौतिकवादियों की स्पष्ट मान्यता है कि मानवीय चेतना भौतिक जगत की सर्वोत्तम रचना है। ये मानवीय सम्बन्ध सामाजिक विकास के

साथ-साथ परिवर्तित होते रहते हैं। एक विशेष प्रकार के मानव सम्बन्धों वाले समाज में चेतना का स्वरूप भी उसी के अनुरूप होता है। अतः मानव सम्बन्ध में परिवर्तन के साथ मानवीय चेतना भी परिवर्तित होती रहती है। फलस्वरूप दर्शन, धर्म, कला, साहित्य आदि से सम्बन्धित धारणाएँ भी परिवर्तित हो जाती हैं।

मुक्तिबोध एक लक्ष्योन्मुख कवि हैं, अतः उनकी कविताएँ एक निश्चित उद्देश्य की दिशा में अग्रसर होती हैं। यह उद्देश्य है आत्म-मुक्ति से लेकर मानव मुक्ति के मार्ग की खोज, बर्तमान इस शोध-प्रक्रिया का बिन्दु है और उसका दूसरा छोर अतीत, तीसरा छोर सीधे भविष्य से जुड़ा है। निःसन्देह अतीत, वर्तमान और भविष्य को समेटतो हुई मुक्तिबोध की सम्वेदनात्मक प्रतिक्रियाएं उन्हें सच्चा मार्क्सवादी कलाकार सिद्ध करती हैं। इस तथ्य को मुक्तिबोध की कविताओं के विश्लेषण द्वारा आसानी से समझा जा सकता है। मुक्तिबोध का काव्य-नायक प्रायः मध्यवर्गीय समाज का व्यक्ति है और उसका सहचर मित्र उत्पीड़ित जनता का प्रतिनिधि सर्वहारा हैं। चूँकि मुक्तिबोध के काव्य-नायकों के अन्तर्रात्मा पर अभी प्रतिक्रियावादी काली चादर पूरी तरह से हावी नहीं हो पायी है। अतः मुक्तिबोध के काव्य-नायक साधारण जन (सर्वहारा) की पीड़ा से दुखी है और वह उनका स्वयं अनुभव करना चाहता है। मुक्तिबोध के काव्य में अन्तर्रात्मा जन-अनुभव-मिश्रित आत्म चेतना है जो जनचेतना से पूर्णतः एकाकार है। इसीलिए कवि जन जीवन के, सर्वहारा वर्ग के पक्ष में उत्पन्न अनुभव प्रसूत गंगा, जमुना की पावन और शक्तिशाली लहरों को पीने तथा उसके आप्लावी स्वभाव को जीने की कामना करता है, क्योंकि यही उनकी आतममुक्ति का, अपनी वर्गीय चेतना से मुक्ति का एकमात्र मार्ग है।

मुक्तिबोध की यह स्पष्ट मान्यता रही है कि अपने से परे होकर आत्म-बद्धता के दायरे से निकलकर देखने पर वर्तमान पूंजीवादी व्यवस्था में जन-मुक्ति ही आत्ममुक्ति की पहली शर्त होती है। पूंजीवादी व्यवस्था के पतन और सर्वहारा के शासनारूढ़ होने के लक्ष्य की प्राप्ति के लिए वर्ग संघर्ष अनिवार्य है।

मुक्तिबोध अपनी कविताओं के बौद्धिक वर्ग का अपना अस्तित्व सर्वहारा के कारण हो दिखाते हैं। लेकिन मध्य वर्गीय बौद्धिक सर्वहारा की चेतना से या तो अपरिचित है या अपरिचित होने का ढोंग करता है।

मुक्तिबोध ने अपनी कविताओं में कई जगह सर्वहारा को विप्लव की चाल कहा है। सामाजिक रूपान्तरण के संघर्ष में सर्वहारा को निर्णायक विजय होती है।

मुक्तिबोध ने अपनी कविताओं में कई जगह मध्यवर्गीय चेतना वाले व्यक्ति को सर्वहारा की चेतना से युक्त होने और मैत्री भाव को दर्शाया है।

मुक्तिबोध की इन मान्यताओं को अगर हम ध्यान पूर्वक देखें तो लगता है कि वे इस बात को बड़ी गम्भीरता से सोच रहे थे कि साहित्य के क्षेत्र में किन लोगों को किस सीमा तक साथ लिया जा सकता है। मुक्तिबोध की इस जनवादी अपेक्षा को उनकी मृत्यु के बाद ही समझने का प्रयत्न किया गया।

मौजूदा व्यवस्था और पूँजीवाद के विरुद्ध सबसे अधिक शोषित, पीड़ित श्रमिक, मजदूर, किसान वर्ग ही इस परिवर्तनकारी संघर्ष में अपनी पूरी शक्ति और संख्या के साथ सबसे अधिक जुझारु अगला दस्ता रहेगा अतः इस वर्ग का दृष्टिकोण ही वास्तविक जनवादी दृष्टिकोण होगा।

मुक्तिबोध ने अपनी कविताओं में जनवादी अपेक्षाओं को केवल कला एवं साहित्य चिंतन तक ही सीमित नहीं रखा। वे उसे मानव मुक्ति से लगाकर सम्पूर्ण मानव सत्ता की प्रतिष्ठा तक ले गये हैं। इस प्रक्रिया में उन्होंने जनवादी अपेक्षा को अपनी अन्तरात्मा की अपेक्षा के रूप में प्रस्तुत किया है। मुक्तिबोध की कविताओं में उनकी अन्तरात्मा के उक्त प्रयोजन किस प्रकार जनवादी चेतना से सम्पृक्त होकर जनवादी अनुरोध और आग्रह बन जाते हैं, इसे आसानी से देखा जा सकता है।

मुक्तिबोध ने अपनी काव्य यात्रा "तारसप्तक" से प्रारम्भ की। उनका पहला काव्य संकलन "चाँद का मुँह टेढ़ा है" में मुख्यतः १९५९ से १९६४ ई० के बीच की उनकी लिखी गयी कविताएँ संकलित हैं, जबकि मुक्तिबोध के दूसरे काव्य संकलन "भूरी-भूरी खाक धूल" में प्रायः १९४९ से लेकर १९६४ तक की कविताएं संकलित हैं। इस प्रकार दोनों संग्रहों की अनेक कविताएँ १९५० और १९६४-६५ तक की कविताएँ हैं। चूँकि मुक्तिबोध सन् १९५५ से १९६५ तक जनवादी काव्य जगत पर छाये रहे और यही नहीं बल्कि जनवादी काव्य ओर जनवादी साहित्य के बारे में उनके विचार, उनकी वर्ग-चेतना ईमानदारी और जिम्मेदारी के धरातल पर हिन्दी काव्य जगत में स्वतन्त्रता प्राप्ति से लेकर आज तक ऐसी समझ किसी भी जनवादी कवि में नहीं दिखाई पड़ती; इसलिए मैं उनको हिन्दी जनवादी कविता के मील का पत्थर मानता हूँ। यह सही है कि सन् साठ के बाद के अनेक युवा जनवादी कवियों में एक नया जनवादी तेवर, समाज और व्यवस्था के प्रति विद्रोह और आक्रोश साफ-साफ झलकता है। बावजूद इसके बिना मुक्तिबोध की जनवादी चेतना को ठीक-ठीक समझे, हम साठ के बाद के जनवादी युवा कवियों को भली भाँति समझने में भूल कर सकते हैं।

मुक्तिबोध जनवादी चेतना से लैस और जिम्मेदार कवि हैं। मार्क्सवाद उनके जीवन में गल-पच कर उनकी कविताओं में अभिव्यक्त हुआ है।

सन् १९३६ ई० के आसपास मुक्तिबोध ने कविताएं लिखना शुरू कीं। उसी वर्ष फैजपुर में कांग्रेस का जहाँ पचासवाँ अधिवेशन हुआ वहीं उसी साल प्रगतिशील लेखक संघ की स्थापना भी हुई। कांग्रेस में थोड़ी-बहुत, लेकिन कांग्रेस के बाहर अनेक वामपंथी समाजवादी शक्तियाँ उभर कर सामने आ रही थीं। १९५० के बाद 'नया खून' सबेरा संकेत, सारथी, वसुमति आदि पत्र पत्रिकाओं के माध्यम से राजनीति, सामाजिक आर्थिक और साम्प्रदायिक समस्याओं पर उन्होंने जमकर अपनी प्रतिक्रियाएं व्यक्त कीं।

मुक्तिबोध की रचना प्रक्रिया के तीन सोपान हैं। जिन्हें उन्होंने कला के तीन क्षण कहा है। उनके अनुसार इन तीन क्षणों की विकास गति के अपने-अपने, अलग नियम हैं। 'एक साहित्यिक की डायरी' और 'नई कविता का आत्म संघर्ष' पुस्तकों में उन्होंने पर्याप्त विस्तार से इन तीन क्षणों एवं इनके नियमों का विश्लेषण किया है। 'डायरी' में उन्होंने लिखा है—कला का पहला क्षण है जीवन का उत्कट तीव्र अनुभव। दूसरा क्षण है इन अनुभवों का अपने कसकते दुखते हुए मूल्यों से पृथक हो जाना और एक फैंटेसी का रूप धारण कर लेना मानो वह फैंटेसी अपनी आँखों के सामने खड़ी हो। तीसरा और अन्तिम क्षण है इस फैंटेसी के शब्दबद्ध होने की प्रक्रिया का आरम्भ और उस प्रक्रिया की परिपूर्णावस्था तक की गतिमानता।[1]

रचना प्रक्रिया के बार में जो तय हुआ वह मुक्तिबोध के शब्दों में यह कि 'साहित्य विवेक मूलतः जीवन है'।[2] जीवन की व्याख्या मुक्तिबोध ने त्रिकोण के रूपक की सहायता से की है। उनके अनुसार उसकी व्याख्या उसकी किसी एक भुजा की उपेक्षा करके पूरी नहीं हो सकती।

मुक्तिबोध के अनुसार हमारा जीवन त्रिकोणात्मक है। उसकी एक भुजा हमारे बाह्य जगत यानी मानव-सम्बन्धों के विशिष्ट क्षेत्र अर्थात् वर्ग-जगत और उस जगत के विविध जीवन मूल्यों और आदर्शों के बीचोबीच से होती हुई उस छोर तक पहुँच जाती है। जिसे हम देश और जाति की राजनैतिक, सामाजिक स्थिति कह सकते हैं। यही स्थिति मानव इतिहास के विकास के एक विशेष स्तर और विशेष अवस्था का नाम है। इस त्रिकोण की दूसरी भुजा

---

१. मुक्तिबोध की काव्य प्रक्रिया, अशोक चक्रधर, पृष्ठ ५७

२. 'नये साहित्य का सौंदर्य शास्त्र' मुक्तिबोध, पृ० १४०

हमारा वह अन्तरंग जीवन है जो अन्तर्जीवन बाल्यकाल से ही बाह्य को, बाह्य की क्रियाओं और रूपों को आत्मसात करता हुआ उन प्रतिक्रियाओं के विभिन्न संवेदनात्मक पुंज बनाता हुआ और उन पुंजों के सहारे जीवन ज्ञान का विकास करता हुआ और उस जीवन ज्ञान के सहारे स्वयं को बाह्य से मिलाने और बाह्य को अपने से मिलाने अर्थात् उस बाह्य के साथ स्वयं को द्वन्द्व रूप में या सामंजस्य रूप में अथवा इन दो स्थितियों के संगत-असंगत सम्मिलित रूप में स्थापित करने, बाह्य को काँट-छाँट कर उसे अपने अनुकूल बनाने या स्वयं ही को काट-छाँट कर अपने को उसके अनुसार बनाने का प्रयत्न करता रहता है। अन्तर्निहित इच्छाएँ जो मूलतः आत्मरक्षा और आत्म-विकास की बुनियादी प्रवृत्तियों से संचालित और परिचालित होती रहती हैं, उनकी तृप्ति के तथा बाह्य से सामंजस्य की स्थापना के द्विविध किन्तु एकीभूत प्रयत्न मनुष्य स्वभाव का ही धर्म है। मनुष्य के अन्तर्जीवन का इतिहास बाह्य द्वारा दिये गये तत्वों से बना होता है।[१]

'हमारे जीवन के इस त्रिभुज की आधार रेखा हमारी अपनी चेतना है जो चेतना उपर्युक्त दो भुजाओं के बिना अपना स्वरूप और आकार ही स्थापित नहीं कर सकती'।[२]

जीवन के प्रति इस त्रिकोण रूपक की परिभाषा मुक्तिबोध के समग्र चिंतन को हा स्पष्ट करके रख देती है। प्रथम भुजा जीवन का बाह्य जगत है। यह भुजा सम्पूर्ण जगत में विविध मानव मूल्यों से देश की राजनैतिक, सामाजिक स्थितियों तक के क्षेत्र को मिलाती है। दूसरी भुजा जोवन का अन्तरंग पक्ष है जिसका गठन-निर्माण निश्चित रूप से पहली भुजा के क्षेत्र से नियमित निर्धारित होता है। द्वन्द्वात्मक विकास की प्रक्रिया में बाह्य का सामाजिक राजनैतिक जगत अन्तरंग जीवन पर प्रभाव डालता है। तीसरी भुजा पहली दो भुजाओं के बिना वजूद में ही नहीं जा सकती। इस प्रकार चेतना के तत्व बाह्य के आभ्यन्तरीकृत रूप हैं।[3] और अन्ततः जीवन स्वरूपतः त्रिकोणात्मक होने के कारण उसकी व्याख्या किसी एक भुजा की उपेक्षा करके पूरी नहीं की जा सकती। क्योंकि इससे वह न केवल अधूरी रहेगी बल्कि उसके विकृत और एकांगी होने का भी खतरा है।

---

१. मुक्तिबोध की काव्य प्रक्रिया' अशोक चक्रधर, पृ० ५२
२. 'कामायनी एक पुनर्विचार' मुक्तिबोध, पृ० १
३. वही पृ० २।

मुक्तिबोध के काव्य में बाह्य यथार्थ और आन्तरिक संवेदना का एक दूसरे की ओर बहुत तेजी के साथ संचरण हुआ है और यही नहीं इस संचरण की वेगवती गति के परिणाम स्वरूप मुक्तिबोध के काव्य में विश्वचेतस् और आत्म-चेतस् दोनों ही चेतनाएँ परस्पर घुल मिल एकाकार हो गयी हैं। इसीलिए मुक्ति-बोध की कविताओं में अनुप्राणित संघर्ष-धर्मी तत्व एक ही साथ अनेक स्तरों पर गतिशील रहे हैं। मुक्तिबोध जहाँ एक तरफ अपने जमाने में व्याप्त व्यवस्था के भ्रष्टाचार और उनके समक्ष आत्मसर्पण करने की स्वकीय मनोवृत्ति से अपनी पूरी ताकत के साथ लड़ते, जूझते दिखलाई देते हैं तो वहीं दूसरी तरफ उनके जनवादी चेतन-अचेतन व्यक्तित्वांशों का संघर्ष अत्यन्त सशक्त अन्तर्द्वन्द्व के रूप में उनकी कविताओं के माध्यम से अभिव्यक्त हुआ है।

मुक्तिबोध की बाह्य जगत की चेतना का साक्ष्य उनकी पुस्तक 'एक साहित्यिक की डायरी' में प्राप्त होता है। समकालीन जीवन में व्याप्त भ्रष्टाचार और समझौता-परस्ती की प्रवृत्ति के प्रति मुक्तिबोध का क्षोभ अपनी पूरी गहराई के साथ मौजूद है। उनकी कविताओं में इस प्रकार के भ्रष्टाचार के चित्र उनकी अन्तर्मुखी चेतना में ढल गये हैं। समझौता-परस्ती और विद्रोह का संघर्ष उनके अन्तर्द्वन्द्व में परिणित हो गया है। उनकी 'अन्धेरे मैं' नामक कविता में भ्रष्टाचार में आकंठ हुये शोषक वर्ग का चित्र कवि की जनवादी चेतना से उभर कर स्वप्न और फैंटेसी के माध्यम से अभिव्यक्त हुआ है—घना व डरावना अव-चेतन ही जुलूस में चलता है। कवि ने जिस मृत-दल की शोभायात्रा का स्वप्न देखा है वह अचेतन का रूपान्तरण है। इस अवचेतन के स्तर पर कवि ने जिस यथार्थ का सामना किया है वह कवि की आत्मग्रस्तता का सूचक न होकर मुक्तिबोध की जनवादी दृष्टि का ही साक्षी है।[1]

'अन्धेरे में' नामक कविता का संघर्ष अन्तर्द्वन्द्व व्यक्ति स्तर पर चेतन और अचेतन के बीच का संघर्ष है। व्यक्ति के भीतर ही भ्रष्ट व्यवस्था के साथ-साथ सामंजस्य गामी या प्रतिगामी समझौता परस्त वर्ग के प्रतीक रूप में केवल मन की जड़ता के विरुद्ध अवचेतन की विद्रोही प्रेरणा क्रान्तिकारी वर्ग का प्रतिनिधि-त्व करती है। इस अवचेतन स्थित विद्रोह भाव को कवि ने प्रायः ऊपरी जड़ता के भीतर पड़े हुए उपेक्षित रत्नों के रूप में प्रस्तुत किया है। चम्बल की घाटी का टीला ऊपरी जड़ता का प्रतीक है और उसके भीतर दबे हुए रत्न जो अपनी मुक्ति के लिए निरन्तर कसमसाते रहते हैं—अवचेतन में अन्तर्निहित विद्रोही भावों के प्रतीक हैं। उन रत्नों की मुक्ति के लिए टीले रूपी जड़ता का टूटना

---

१. 'एक साहित्यिक की डायरी' मुक्तिबोध, पृ० ३४

आवश्यक है। 'काव्यात्मक फणिधर' उन्हीं 'मौन उपेक्षित' रत्नों को लिये हुए उन लोगों की प्रतीक्षा में है जिन्हें उसे ये रत्न सौंपने हैं। फलतः क्रान्ति का स्वर गूँजा है। आत्मा क्रान्तिकारी टुकड़ी की सरगना है जो अवचेतन के तलधर के अन्दर छिपे हुए प्रेस में ख्यालों के परचे छापती-बाँटती है। इस क्रान्तिकारी दल के सेक्रेटरी का नाम आस्था है।

उपर्युक्त उद्धरणों से यह बात एकदम साफ हो जाती है कि मुक्तिबोध ने अपने काव्य में जिस आत्मा की चर्चा की है, वह न तो आध्यात्मिक लोक की कोई अदृश्य शक्ति है और न ही व्यक्ति के संकुचित 'स्व' का प्रतीक बल्कि सही माने में यह उदात्त जनवादी चेतना है जो सत्य और असत्य का ज्ञान कराती है और मनुष्य को उसका सही रास्ता दिखलाती है।

जब तक देश अंग्रेजों का गुलाम था तब तक तो जनता और बुद्धिजीवी वर्ग को यह आशा थी कि अभी हम गुलाम हैं लेकिन स्वतन्त्र होते ही स्थिति बदलेगी और भारत एक वर्ग विहीन समाजवादी राष्ट्र के रूप में स्वयं को स्थापित करेगा लेकिन बीतते काल के साथ वे सभी आशाएँ खण्डित होने लगीं। यही नहीं स्थिति बद से बदतर होने लगी। एक अन्धकार का युग आ गया था। ऐसे में मुक्तिबोध की चीख उस अन्धेरे में तड़ित् की तरह चमक उठी। 'कांग्रेस द्वारा देश में जनतन्त्र के खात्मे की तैयारी'[1]। चूँकि वर्गहीन समाज आज के युग की सबसे बड़ी पुकार है इसलिये कांग्रेस भी अपना ध्येय वर्गहीन समाज निर्माण रखना चाहती है। पर प्रश्न उठता है कि घोर पूँजीवादी व्यवस्था पर आधारित कांग्रेस संगठन जनता को सिर्फ अपने ध्येय में परिवर्तन के आधार पर अपनी और आकर्षित कर सकती है?[2] १९५५ के 'नया खून' में एक टिप्पणी है—हाल ही की खबर है कि भारत सरकार ने अमेरिकी पूँजी की प्राइवेट ट्रीटमेंट-गारंटी स्कीम मंजूर कर ली है यानी वह आगामी पच्चीस वर्ष तक अमेरिकी पूँजी का राष्ट्रीयकरण न करने की गारंटी लेगी। ये गारंटी देने पर अरबों रुपये की अमेरिकी पूँजी निजी तौर पर भारत में लगेगी—केन्द्रीय सरकार के सलाहकारों पर ब्रिटिश और अमेरिकी पूँजी का बहुत बढ़ा प्रभाव है। अमेरिकी और ब्रिटिश पूँजी की बाढ़ को देख कर लगता है कि भारत में आगामी पच्चीस तीस वर्षों के लिये समाजवादी ढङ्ग टल गया है।

लेकिन यहाँ तो मुक्तिबोध जो सोच रहे थे उससे भी अधिक हुआ। कांग्रेस ने न केवल भारत को अमेरिका, रूस, ब्रिटेन जैसे पूँजीवादी साम्राज्यवादियों के

---

१. मुक्तिबोध द्वारा 'सवेरा संकेत' में की गयी टिप्पणी

२. 'मुक्तिबोध की काव्य प्रक्रिया' अशोक चक्रधर, पृ० १५

हाथों गिरवी रख दिया बल्कि करों के रूप में जनता को पीस डाला। अभिव्यक्ति की स्वतन्त्रता छीन ली गयी और मुक्ति की माँग को लाठी तथा बन्दूकों के बल पर जबरन दबाने का काम शुरू हो गया—

यह सब क्या है ?
किसी जनक्रान्ति के दमन-निमित्त यह
मार्शल ला है।

बावजूद इस दमन-चक्र के—

अब अभिव्यक्ति के सारे खतरे
उठाने ही होंगे
तोड़ने ही होंगे मठ और गढ़ सब

क्योंकि—

पूँजी से जुड़ा हुआ हृदय बदल नहीं सकता
स्वातन्त्र्य व्यक्ति का वादी
छल नहीं सकता मुक्ति के मन को
जन को।

—'अन्धेरे में'

वस्तुतः मुक्तिबोध की कविता अन्धेरे में रोशनी की चीख है।

मानवीय अनुभूतियों के कथाकार

आधुनिक विश्व साहित्यपर जिन महान साहित्यकारों की स्पष्ट छाप दिखाई देती है चेखोव उन्हीं चंद-साहित्यकारों में से एक हैं। रूस में तो चेखोव का नाम तालस्ताय, गोर्की और तुर्गनेव के समकक्ष लिया ही जाता है, विश्व के सर्वाधिक प्रसिद्ध साहित्यकारों में भी चेखोव का नाम ससम्मान लिया जाता है। वस्तुतः विश्व साहित्य पर फ्रांस के मोपासां और रूस के एन्टन चेखोव का प्रभाव सर्वाधिक दृष्टिगोचर होता है। कारण है इन दोनों, ही साहित्यकारों द्वारा दो विभिन्न विचारधाराओं का प्रवर्तन। मोपांसा ने जहां कहानी को कला दी वहीं दूसरी तरफ चेखोव ने जीवन। एक ने कहानी को आकर दिया तो दूसरे ने स्पन्दन। चेखोव ने कहानी को रूमानी कल्पना की उड़ानों से खींचकर वास्तविकता के कठोर धरातल पर ला खड़ा किया।

एन्टन चेखोवका जन्म १७ जनवरी सन् १८६० में, 'तांगारोग' नामक एक छोटे से कस्बे में हुआ था। चेखोव के पिता एक साधारण क्लर्क थे। जीवन की प्रतिकूल परिस्थितियों में चेखोवने अपने कस्बेसे ही हाईस्कूलकी परीक्षा उत्तीर्ण की। १८७९ में स्कूली शिक्षा समाप्त करके चेखोव मास्को चले गये। मास्कोमें चेखोव को विशेष छात्रवृत्तिपर 'मेडिकल कालेज' में अध्ययन करने का निमन्त्रण मिला। फलस्वरूप चेखोव चिकित्साशास्त्र का अध्ययन करने लगे। पैसों की कमी के कारण चेखोव उस समय की पत्र-पत्रिकाओं में हल्की-फुल्की व्यग्यं-कथाएं लिखा करते थे। चेखोव की ये व्यंग्य-कथाएं उन दिनों काफी पसंद की जाने लगीं परन्तु चेखोव उस समय एक लेखक के रूप में अपना प्रभाव नहीं जमा पाये थे।

चेखोव की साहित्यिक प्रतिभा का विस्फोट तब हुआ जब १८८८ में उन्हें 'धुंधली रोशनी में' नामक पुस्तक पर 'पुश्किन पुरस्कार' से सम्मानित किया गया।

चेखोव ने एक चिकित्सकके रूपमें अपना दूसरा जीवन शुरू किया। एक चिकित्सकके रूपमें मनुष्यको जानने एवं समझनेकी कोशिश शुरू हुई। चेखोव उन साहित्यकारों में से नहीं थे जो घर बैठे साहित्य सृजन करते हैं। चेखोव डाक्टर था, लेखक था, परन्तु सबसे पहले वह एक मनुष्य था जो महामारी में गांव-गांव जाकर दवाइयां बांटता, अकाल पीड़ितों के लिए भोजन जुटाता, जेलमें कैदियों को सांत्वना देता और कड़कड़ाती ठण्ड में गिरती हुई बर्फ के नीचे अपनी पुरानी घोड़ा गाड़ी भगाता हुआ अपने मरीजों को देखने जाता।

चेखोवका जीवन स्वयंमें कहानियों का स्रोत था। चेखोवका विश्वास था कि किसी भी लेखक के लिए जीवन को सही अर्थों में जीना आवश्यक है। जीवन के सुख-दुःख से कन्धा मिलाकर ही वह वास्तविक जीवन को अपनी कला में उरेख सकता है। कमरे की चारदीवारी में बन्द रहकर कोई भी लेखक केवल कल्पना के बलपर मानव जीवन पर कथाएं नहीं लिख सकता।

चेखोव ने अपने घोर श्रम एवं आत्मसंयम के साथ विपरीत परिस्थितियों में संघर्ष करके अपने महान व्यक्तित्व का निर्माण किया था। उसने एक स्थान पर स्वयं लिखा है कि—मैं स्वयं अपना कोचवान हूँ।

एन्टन चेखोवने जब साहित्यमें प्रवेश किया था वह समय योरोपीय साहित्यमें प्रेम-कथाओंका युग था। सामन्तवादी विचारधारा साहित्य पर छाई हुई थी। इस युगका साहित्य राजे, राजकुमारोंके अतिशयोक्ति पूर्ण बहादुरी, तलवारबाजी, प्रणयगीतोंसे भरा रहता। चेखोवने यूरोपकी चमत्कारी दुनिया में फँसे साहित्य को यथार्थके धरातलपर लाकर स्थापित किया। कठोर यथार्थ, ममता एवं करुणासे सिक्त चेखोव की कहानियां उभरने लगीं।

चेखोव उस संक्रान्तिकालका लेखक था जब यूरोपकी सम्पूर्ण सामन्ती व्यवस्था अपने खोखले आदर्श के साथ जीर्ण-शीर्ण अवस्था में थी। साम्यवाद का दुनिया के मंचपर अभ्युदय हो चुका था साम्राज्यवादी पूँजीवादी व्यवस्था खण्ड-खण्ड होकर गिर रही थी।

चेखोवका साहित्यकार जिन्दगी के सामान्य एवं उपेक्षित कार्योंमें कहानीके सूत्र खोजता था। गन्दे एवं बेढंगे ढाबेमें चायकी चुस्कियां लेते चीकट वस्त्र पहने मजदूरोंको देखते एवं उनके सिरोंके टेकने से बने तेल के मटमैले धब्बों को देखते, चेखोव अपनी कहानी का सूत्र ढूंढ़ता चेखोव कहता—'जीवन की सामान्य सी लगने वाली चीजों को देखो इसी में तुम्हें कहानी का सूत्र मिलेगा।'

एक क्लर्क की मृत्यु, कुत्ते वाली महिला, वार्ड नं० ६ आदि कहानियां चेखोव की जिन्दगी की पकड़ को दर्शाती हैं। 'नकाब' नामक कहानी में उस समय के बुद्धिजीवियों के चापलूसी एवं लाचारीका चेखोव ने बड़ी सुन्दरता के साथ वर्णन किया है।

चेखोव का प्रारम्भिक जीवन बड़े ही अभाव में व्यतीत हुआ था वह जीवनकी बदरंगी विवशतासे परिचित थे। चेखोवकी कहानियों में मौन, पीड़ा, चीकट वस्त्र पहने मजदूर आदमियों, भरे मकान, नंगे पत्रहीन वृक्ष, स्पन्दनहीन एकाकी पन बर्फीली सर्दीमें उसासें भरते आदमी एक अजीब करुणामय मानवजीवनका चित्र देखनेको मिलता है। डार्लिंग, कोरस गर्ल, सेवके फल, एक क्लर्ककी मृत्यु, कैदी, एन्टागोनिस्टस आदि चेखोवकी सुप्रसिद्ध कहानियाँ है।

१८८० में चेखोवने साइबेरिया को पार करके 'शाखालिन' द्वीपकी यात्रा की जहां उन दिनों रूसके कालापानी पाये कैदियोंको रखा जाता था। वापसोपर सिंगापुर, श्रीलंका तथा स्वेजनहर होते हुए मास्को तक की यात्रा की। अपने निरन्तर गिरते हुए स्वास्थके बावजूद, चेखोवने देश विदेशका भ्रमण किया एवं देश-विदेशके व्यक्तियोंके कन्धोंसे कन्धा मिलाकर उनके जीवनको समझा एवं जिया।

१९०४ में अत्यधिक कमजोरी के कारण चेखोवको 'बेड़ेनवेलर' के जर्मन स्वास्थ केन्द्रकी शरण लेनी पड़ी परन्तु अब बहुत देर हो-चुकी थी। क्षय रोगने चेखोवको भीतर ही भीतर पूरी तरह खोखला कर दिया था। अन्ततः ३ जुलाई १९०४ को चेखोवकी मृत्यु हो गयी।

रुस के महान् जनवादी साहित्यकार तथा चिन्तक गोर्की ने चेखोव के प्रति अपनी श्रद्धान्जलि में कहा—"जिसने अपनी सचेत कला से योरोपीय वातावरण में घुटती हुयी कहानी को एक नये धरातल पर उतारा था। सुन्दरियों के पीछे दौड़ते हुए साहसिक अश्वारोही, भयंकर से भयंकर मुहिम पर जान हेथेली पर लेकर तलवार के करिष्में दिखाने वाले सामन्ती वीर, प्रेम के भौडे तराने अलापते अजीबो-गरीब राजकुमार चमत्कारों की दुनियाँ में कल्पना के नकाब पहने अजनबी, और इन सबकी सर्वग्रासी छाया से बचाकर अपने स्नेह और करुणा की चादर में छिपाकर चेखोव ने कहानी को एक अजीब ममतापूर्ण शान्त और अपनत्व भरे वातावरण में आवासित किया, वह पहला कथाकार था जिसकी रिक्त अभावग्रस्त करुणा से ओत-प्रोत मानस धरती पर कहानी बाजारु बेश्या का बाना उतारकर पारिवारिक प्रतिष्ठा पा सकी।"

अपनी 'गिरगिट' नामक कहानो में चेखोव ने अपने समय के सामन्तो ढाँचें जी-हजूरी, अन्धभक्ति पर बहुत करारा व्यंग्य किया है, चौराहे पर एक कुत्ते ने किसी को काट लिया, दरोगा जो इस वारदात को बड़ी सख्ती से जाँच-पड़ताल शुरु करते हैं ओर सबसे पहले उन लोगों की आलोचना करते है जो कुत्तों तथा अन्य जानवरों को छुट्टा छोड़ देते है—"हूँह........अच्छा........ओचुमेलोव गला साफ करके त्यौरियाँ चढ़ाते हुए कहता है—ठीक है—अच्छा यह कुत्ता है किसका मैं इस बात को यहीं नहीं छोडूंगा, यों कुत्तों को छुट्टा छोड़ने का मजा चखा दूँगा, लोग कानून के मुताबिक नहीं चलते उनके साथ अब सख्ती से पेश आना पड़ेगा ऐसा जुर्माना ठोकूँगा कि दिमाग ठीक हो जाएगा बदमाश का।"[1] तभी

---

१. अंतोन चेखोव 'कहानियाँ, प्रगति प्रकाशन मास्को १९८२ पृष्ठ १०

भीड़ में से कोई कहता है कि यह कुत्ता तो जनरल साहब का है और दरोगा साहब गिरगिट की तरह रंग बदलते है, और उस आदमी को ही भला बुरा कहने लगते है जिसे कुत्ते ने काटा हैं तभी भीड़ में से कोई व्यक्ति चिलाता है—नहीं ये जनरल साहब का कुत्ता नहीं और दारोगा साहब फिर गिरगिट की तरह रंग बदलते है और कहते हैं—"मैं भी जानता हूँ जनरल साहब के सब कुत्ते अच्छी नस्ल के है एक से एक कोमतो कुत्ता है उनके पास, और यह भी कोई कुत्तों जैसा कुत्ता है देखो न ! बिल्कुल मरियल खारिश्ती है, कौन रखेगा ऐसा कुत्ता, तुम लोगों का दिमाग तो खराब नहीं हुआ, अगर ऐसा कुत्ता मास्को या पीटर्सबर्ग में दिखाई दे तो जानते हो क्या हो, कानून की परवाह किये बिना एक मिनट में उसकी छुट्टी कर दी जाए।"

तभी वहाँ जनरल साहब का रसोइँया आ जाता है, वो कहता है कि ये कुत्ता तो जनरल साहब का नहीं है लेकिन जनरल साहब के भाई साहब का कुत्ता है, और दारोगा जो गिरगिट की तरह फिर रंग बदलते है और जनरल साहब के भाई की खुशामद में कुत्ते की तारीफों के पुल बाँधते है। और जनरल साहब का रसोइया उस कुत्ते को लेकर चला जाता है वहाँ एकत्र भीड़ खूकिन पर हँसती है जिसे कुत्ते ने काट लिया था।

चेखोव की इन कहानियों का रचनाकाल वह था जब सामन्तो संस्कृति और सभ्यता की खोखली सारहीन दीवारें नये युग के थपेड़ों की चोट से भहरा उठी थीं। अब तक जो श्रेष्ठ और वरेण्य था वह देखते ही देखते धूल में लोटने लगा क्योंकि उसकी ऊपरी चमक-दमक का कॅचुल अपने अंतर में छिपे जहर को छिपा न सका चारों तरफ विनाश के मुर्दा-खण्डहरों की धुँधली छायायें टूटी हुयी परम्परा के जीर्ण कबन्ध निष्पन्द सभ्यता के भग्न तोरण इस विध्वन्स के बीच जो नया मध्य वर्ग जन्म ले रहा था वह न केधल निर्बल और असहाय था बल्कि वह अब भी खण्डहरों की शक्ति के सामने विवशता से माथा झुका देने के लिए हमेशा तत्पर था।

उस समय के रुसी समाज में आभिजात्य संस्कारों की अन्धभक्ति महिलाओं की मनोदशा एवम् पतन को चित्रित करती है, चेखोव की कहानी–'तितली' यह कहानी ओसिप स्तेपानिच दीमोब नामक डॉक्टर और उसको पत्नी ओल्गा इवानोव्ना के मध्य घूमती है डा० दीमोव दो-दो अस्पतालों में काम करता था फिर भी उसको बहुत कम पैसे मिलते थे उसकी पत्नो ओल्गा इवानोव्ना आभिजात्य

१. वही पृष्ठ ११

संस्कारों की थी और हमेशा अपने दोस्तों में घिरी रहती थी—"पर ओलगा इवानोव्ना और उसके दोस्तों को किसी भी तरह से साधारण नहीं कहा जा सकता था उनमें से हर एक किसी तरह से विलक्षण था....एक अभिनेता था वह शालीन, चतुर, विवेकपूर्ण था और सुन्दर ढंग से कविताओं कहानियों का पाठ करता था और ओलगा इवानोव्ना को भी इसकी शिक्षा देता था, दूसरा एक आपेरा गायक था उसके अलावा कई कलाकार थे जिनमें एक युवा चित्रकार प्रमुख था"।[1]

अपने स्वाभाविक दाम्पत्य जीवन को छोड़कर ओलगा इन कलाकारों के विचारों के जाल में जकड़ी हुयी थी जो स्वयं सामन्ती व्यवस्था के ध्वंसावशेष थे। ओलगा को लगता था कि डा० दीमोव उसके उच्च कला चिंतन के आगे एक साधारण इसान था, और उसने उससे विवाह करके बहुत बड़ी गलती की, इसके बाद चेखोव ने ओलगा और उसके मित्रों द्वारा कला के नाम पर निरर्थक बहसों तथा दीमोव की निश्छलता तथा उसके पेशे की ईमानदारी का वर्णन किया है ओलगा की दिनचर्या का वर्णन करते हुए चेखोव ने लिखा है, वह हर रोज ग्यारह बजे जागती, फिर पियानों बजाती या तैलचित्र बनाती फिर वह नयी-नयी पोशाकें बनवाने के लिए दर्जिन के यहाँ जाती दर्जिन के यहाँ से आम तौर पर वह अपनी किसी परिचित, अभिनेत्री के यहाँ जाती, अभिनेत्री के यहाँ से किसी कलाकार के स्टूडिओ में चित्र प्रदर्शनी देखने जाती और वहाँ से उसे किसी ख्यातिप्राप्त व्यक्ति के घर भोजन और गप-शप पर जाना होता, और इस भ्रम में जीती रहती कि अपने गुणों, दिमाग ओर रुचि के कारण वह अवश्य ऊँची उठेगी।

नकली आभिजात्य संस्कृति के पीछे दौड़ते-दौड़ते ओलगा अपने पति दीमोव से बहुत दूर निकल गयी, दीमोव को भी इसका अहसास हो गया था उधर उसके कलाकार ने उसे त्याग दिया था, वापस घर आने के बाद उसने अपने पति के प्रति किये गये विश्वासघात को छुपाने की कोशिश की "परन्तु अपने पति की खुली नम्र प्रसन्न मुस्कान और उसके आँखों में चमकते हुए सुख को देखकर उसे ऐसा लगा कि ऐसे मनुष्य को धोका देना उसके लिए उतना ही नीचतापूर्ण धृणित और असम्भव होगा जितना कि कलंक लगाकर बदनाम करना, चोरी अथवा हत्या करना। उसने उसी क्षण निश्चय किया कि जो कुछ बीती है पूरी कह

---

१. वही पृष्ठ २०

सुनाए।''[१] लेकिन अपराध बोध शर्म और डरने उसे सच बताने से रोक दिया। कहानी के अंत में डा० दीमोव को डिप्थीरिया हो जाता है और यह भी पता चलता है कि यह छूत का रोग उसे सामान्यतः नहीं लगा जब डा० दीमोव का एक मित्र डाँक्टर कोरोस्तेल्योत्र ओल्गा को बताता है ''पता है उसे छूत कैसे लगी, मंगलवार को उसने एक छोटे लड़के के गले में से डिप्थीरिया की झिल्ली पाइप से चूसकर निकाली क्या जरुरत थी ? बस योहीं ''मूर्खता'''' पागलपन।''[२]

यहाँ पर आकर कहानी अपनी त्रासदी के छोर पर पहुँच जाती है और छूत की यह बिमारी आत्महत्या के लिए प्रयुक्त किसी हथियार जैसी लगने लगती है, कहानी का अन्त ऐसी लाइनों के साथ होता है जिससे सभ्य और आभिजात्य कहे जाने वाले समाज के प्रति तीव्र आक्रोश और इन्सानियत की लाचारी का दुःख दोनों ही दिखाई पड़ता है''''''पूछने की बात ही क्या है गिरजाघर जाओ और वहीं पूछ लेना कि भिखारिने कहाँ रहती हैं वे शव को नहला देंगी और सब कुछ ठीक कर देंगी सारा काम कर देंगी।''[३]

चेखोव को अपनी विवशता और अपमान को प्रतिष्ठा मानकर मरकट की तरह नाचने वाले मध्य वर्ग के तथा कथित बुद्धिजीवियों से सख्त नफरत थी, जार के शासन में तढ़फड़ाते हुए रूस को उसने पागलखाने के 'वार्ड नम्बर छ' में दिखाया। कातर व चापलूस बुद्धिजीवियों की 'नकाब' नामक कहानी की शुरुआत एक्स क्लब में फैशन पोशाक प्रदर्शनी से शुरू होती है, क्लब के एक कमरे में बहुत से बुद्धिजीवी बैठे दर्शन राजनीति आदि गम्भीर मसलों पर ऊँची-ऊँची बातें कर रहे थे। तभी एक आदमी हाथ में शराब की बातलें और साथ में कई जवान लड़कियाँ लिये, चेहरे पर नकाब डाले कमरे में दाखिल हुआ, और आते ही उसने उन्हें कमरा छोड़कर बाहर निकल जाने का हुक्म दिया। बुद्धिजीवी लोग तैश में आ गये। चिल्लाकर बोले ''कौन हो तुम इस तरह की अभद्र बातें करने वाले ? भला यह भी कोई शराब पीने की जगह है'' उस आदमी ने और भी कड़ाई की, लड़ाई की नौबत आ गई। मैनेजर और एक सुरक्षा अधिकारी कमरे में आए और उन लोगों ने भी उस नकाबपोश को वहाँ शराब न पीने की सलाह दी। तभी नकाबपोश ने अपनी नकाब हटा दी''''जिसे

१. वही पृ० ३६
२. वही पृ० ४५
३. वही पृ० ५०

देखकर सभी धक् से रह गये। क्योंकि नकाब के भीतर एक लखपति बदतमीजियों के लिए विख्यात कला और साहित्य का संरक्षक एक ऐसा व्यक्ति था जिससे अखबार वाले भी डरा करते थे। बुद्धिजोवी धीरे से कमरे से बाहर निकल गये.... नकाब वाला व्यक्ति सुबह तक उसी कमरे में लड़कियों के साथ बन्द होकर शराब पीता रहा और जब नशे की हालत में घर जाने लगा तो उसकी प्रतीक्षा में बाहर बैठे बुद्धिजीवी दौड़कर पास आए, किसी ने उसके कपड़े ठीक किये, किसी ने गाड़ी बुलवाई, सबने मिलकर उसे गाड़ी में बिठाया। अजब ढङ्ग से हँसते हुए वे बोले "वाह सर, आप भी कितना अद्भुत मजाक करते हैं, आज की घटना को हम लोग हमेशा याद रखेंगे।" जब वह चला गया तो बुद्धिजीवियों में इस बात पर गरमागरम बहसें होने लगीं कि जाते वक्त उसने किससे हाथ मिलाया किसकी ओर देखकर मुस्कराया....आदि आदि।

जिन्दगी की अभद्रता, गन्दगी, प्रदर्शन दिखावा, चालबाजियों और तरह-तरह की क्षुद्रताओं ने लेखक के मन को इतना कटुतिक्त बना दिया कि उसकी शुरू की कहानियाँ और एकांकी एक अजीब तल्खी से भर गये। किसी को शायद ही विश्वास हो सके कि करुणा और आँसुओं से डूबे हुए शब्द चित्रों को अवसाद के रंग में रंगने वाले लेखक ने ही ये तीखी रचनाएँ भी लिखी हैं पर जरा सी बारीकी से देखने यह अन्तर मिट जाएगा, क्योंकि चेखोव की इन व्यंग्य भरी कृतियों में भी एक सहानुभूति पूर्ण कलाकार की आत्मा का दर्द, विनोद और परिहास की सख्त चट्टानों के नीचे क्षीण पयस्वनी की तरह निरन्तर प्रवाहित होता रहता है। उसकी पारदर्शी आँखों की एक्स किरणों के नीचे से कुछ भी छिपा पाना मुश्किल था। यह एक ऐसे आदमी की दृष्टि है जो इस विश्व में अपनी रुचि के मुताबिक सभी चीजों को सुन्दर सन्तुलित और भद्रोचित ढंग से अपनी जगहों में स्थित रखना चाहती है। जब इस इच्छा में कभी कोई प्रत्यवाय उपस्थित होता है, कोई चीज अपने स्थान से खिसकी प्रतीत होती है तो वह झुँझला उठता है, पर झुँझलाहट और खीझ के पीछे एक कुटिल हँसी नहीं सहानुभूति का दर्द झाँकता है, वह पीड़ा से बेचैन होकर दूसरों की नहीं अपनी ही क्षति करता है।

डार्लिंग, कुत्ते वाली महिला कोरस गर्ल, सेब के फल आदि कहानियाँ वास्तव में आँसूओं के बीच पलने वाली सत्यकथाएँ हैं चेरीआचर्ड के रेनेवस्कया के आँसुओं में एक ऐसी दीन दुःखी पीढ़ी की गाथा है जो अपने मरने की इच्छा लिए इस पृथ्वी पर अज्ञात दर्द से भरा जीवन लिए जीने को विवश है। चेखोव

की कहानी 'अण्टागोनिस्ट्स' में डा० किरीलोव का ६ वर्षीय इकलौता बेटा मर गया है, माँ बाप दोनों बेटे की लाश के पास बैठे हैं, दोनों के चेहरे पर एक ऐसी अकथ पीड़ा छायी है जो सामान्य मनुष्यों के समझ से परे है, उसे कथा में व्यक्त करना अत्यन्त मुश्किल काम है। ये चेखोव की ही कला है कि डाक्टर किरीलोव अपनी कर्तव्यनिष्ठा के लिए अपने मरे बच्चे तथा अकेली पत्नी को छोड़कर आधी रात उस रोगिणी को देखने जाता है जो अपने पति को डाक्टर बुलाने भेजकर अपने प्रेमी के साथ भाग जाती है।

अपनी अन्तिम कहानी 'दुल्हन' में चेखोव ने नाद्या नाम की युवती के भाग्य का वर्णन किया है। कहानी के आरम्भ में नाद्या पौ फटने से पहले जागती है और बगीचे में देखती है····"सफेद घना कुहासा हौले हौले बकाईन की झाड़ियों पर छाता जा रहा है मानो उन्हें अपने दामन में समेटने चला हो।"[1] और लगता है कि ऐसा ही सफेद घना कुहासा नायिका की आत्मा पर भी छाता जा रहा है। जब वह यह सोच रही है कि उसके इस निश्चिन्त, निष्प्रयोजन जीवन में न कोई परिवर्तन ही आएगा और न ही कभी इसका अन्त होगा लेकिन फिर सुबह होती है—"खिड़की के नीचे चिड़ियों ने चहचहाना शुरू कर दिया था, बगीचे का कुहासा दूर हो गया था, हर चीज वसंत की धूप से चमक रही थी, हर चीज मुस्कराती हुयी सो लग रही थी।"[2]

यह परिवर्तन केवल प्रकृति में ही नहीं आया है नायिका की आत्मा में भी आया है। यह कहा जा सकता है कि चेखोव की कहानी की नायिका के हृदय में जो परिवर्तन आया है वह किसी अर्थ में चेखोव के सारे लेखन के लिए लाक्षणिक है, चेखोव सारे संसार के साहित्य प्रेमियों के चहेते हैं चेखोव इसलिए चहेते हैं कि उनका सत्य निर्लिप्त, बौद्धिकता के आडम्बर से भरा मानव द्वेषी कभी नही रहा और इस सत्य का आस्था और विश्वास से अटूट सम्बन्ध था। चेखोव की विश्वव्यापी लोकप्रियता का सबसे बड़ा कारण शायद यही है कि वह किसी देश या जाति का कथाकार न होकर मनुष्यता का कथाकार है इस मनुष्यता और मानव अनुभूति से उसे इतना प्रेम है कि वह मनुष्यता को नष्ट करने वाली तमाम वस्तुओं के प्रति अपनी घृणा व्यक्त करता है। किसान की तरह वह अपने खेत से उन नाशक पौधों को उखाड़ फेंकना चाहता है जो फसलों को नुकसान पहुँचाते हैं पेशे से चिकित्सक चेखोव मनुष्यता के प्रत्येक रोग को भी समझते हैं उनका इलाज करते हैं, असाध्य रोगों से निराश नहीं होते बल्कि इस आशा

१. अन्तोन चेखोव····कहानियाँ, पृ० १४२

२. वही पृ० १४२-१४३

और विश्वास के साथ निरंतर उपचार में लगे रहते हैं कि कभी न कभी ये रोग जरूर ठीक होगा चेखोव के मन में मनुष्य के प्रति असीम सहानुभूति है वह मनुष्य के हल्के सुख में जहाँ खुश होते हैं वही उसके दुख में स्वयं भी दुखी होकर रो पड़ते हैं। चेखोव वास्तव में मानवीय अनुभूतियों के कथाकार हैं, वह असल में मनुष्य की अन्तरात्मा के सौन्दर्य-शिल्पी हैं।

●

सवाल प्रजातन्त्र का

धूमिल साठोत्तरी हिन्दी कविता के स्थापित कवि हैं। साठोत्तरी जनवादी कविता के केन्द्रीय कवि के रूप में धूमिल को मान्यता प्राप्त हो चुकी है। अनेक आलोचकों की यह मान्यता है कि साठोत्तरी कविता की मुख्य पहचान विद्रोह और मूल्यों का संकट है। जहाँ तक विद्रोह का प्रश्न है सवाल उठता है कि आखिर यह विद्रोह क्यों है? कैसा है? कहाँ से पैदा हुआ है? क्या साठ के पहले की कविता में विद्रोह नहीं है? ये कुछ ऐसे प्रश्न हैं जिनका उत्तर हम साठोत्तरी कविता के जनवादी चरित्र को उसके ऐतिहासिक सन्दर्भ में बिना जाने नहीं दे सकते और इन प्रश्नों को हल करना इसलिये भी आवश्यक है क्योंकि हम धूमिल के काव्य के जनवादी चरित्र का मूल्यांकन कर रहे हैं जिसमे विद्रोह तथा मूल्यों के संकट की जटिल अभिव्यक्ति है।

वस्तुतः विद्रोह के बीज धूमिल या उनके समकालीन कवियों की निजी प्रतिभाओं में नहीं बल्कि इस देश के सामाजिक-सांस्कृतिक जीवन में मौजूद हैं और इस विद्रोही प्रवृत्ति की जड़ें भी साठोत्तरी राजनीति में निहित हैं। आजादी के बाद हमारे देश के नेताओं में उल्लास का भाव नहीं बल्कि सन्तोष की मुद्रा दिखाई दी थी। भारत के कर्णधार नेताओं के विचार कुछ इस प्रकार के थे कि—जो कुछ अच्छा या बुरा हुआ है उसे भूल जाओ और नये सिरे से देश के नवनिर्माण में लग जाओ। लेकिन बीतते समय के साथ-साथ ये लुभावने उपदेश जनता को अवसाद एवं पीड़ा से भरने का काम करने लगे कारण सत्तारूढ़ दल की कथनी और करनी में भारी अन्तर था। इसी मोह भंग की स्थिति में व्यक्ति को लगता है कि चारों ओर जो कुछ है गलत है, सड़ा हुआ है और उसके साथ उसकी कोई सहानुभूति नहीं है। इससे जनता में कवि को वो शक्तियाँ नहीं दिखाई पड़ रहीं हैं जो इस सड़ती व्यवस्था को समाप्त कर सकें या इस सड़ांध को साफ कर सकें। इस निराशाजनक वातावरण में कोई संवेदनशील व्यक्ति क्या कर सकता है। सिवा इसके कि वह कह उठे कि—

> अब उसे मालूम है कि कविता घेराव में
> किसी बौखलाये हुए आदमी का
> संक्षिप्त एकालाप है।

—धूमिल—संसद से सड़क तक

यह धूमिल का व्यवस्था के प्रति क्षोभ है। धूमिल में मुक्तिबोध जैसा 'अपराध बोध' नहीं है क्योंकि जब मुक्तिबोध अपनी कविता में किसी सामाजिक समस्या का चित्रण करते हैं तब उन्हें लगता है कि जाने-अनजाने इस व्यवस्था को बनाने में कहीं न कहीं उनका भी कुछ हाथ है। 'कुछ न कर पाने' की भी विवशता उन्हें सताती रहती है। इसीलिए मुक्तिबोध की कविता पाठक को एक तर्कसंगत अन्त तक पहुँचाती है। धूमिल को यह चिन्ता नहीं है। वे इस सामाजिक व्यवस्था को बनाने या बनने देने में अपनी जिम्मेदारी नहीं मानते। न मानने से वस्तु स्थिति तो नहीं बदल जाती। इसीलिये मुक्तिबोध एक ईमानदार जनवादी कवि के रूप में धूमिल से बीस पड़ते हैं। अपनी जिम्मेदारी को नकारने के कारण धूमिल की कविताओं में विद्रोह के स्वर और आक्रामकता अधिक मुखर है। वही आज के परिवेश के कारण धूमिल के काव्य में हास्य-व्यंग्य और गुस्से का मिला-जुला रूप दिखलाई पड़ता है।

धूमिल यह अच्छी तरह जानते हैं—

'हाँ यह सही है कि कुर्सियाँ वही हैं
सिर्फ टोपियाँ बदल गयी हैं
और
सच्चे मतभेद के अभाव में
लोग उछल-उछल कर
अपनी जगहें बदल रहे हैं।'

—धूमिल : पटकथा

इसीलिए धूमिल सड़क पर खड़े हो कर इस देश की संसद से सवाल करते हैं—'मैं पूछता हूँ वह आदमी कौन है
हमारे देश की संसद मौन है।'

—धूमिल : रोटी और संसद

और अगर इस देश की संसद यहाँ की जनता के प्रति उत्तरदायी नहीं है तो फिर आखिर वो किसके प्रति उत्तरदायी है ? क्या दस प्रतिशत पूंजीपतियों के प्रति जिनके दिये हुए चन्दे से चुनाव सम्पन्न होते हैं ?

'संसद से सड़क तक' सन साठ के मध्य लिखी कविताओं का संग्रह है। धूमिल ने कविता के बारे में कहा है कि—कविता पहले एक सार्थक वक्तव्य होती है।' और धूमिल की कविताओं में कुछ वक्तव्य ऐसे भी हैं जो उन्हें समकालिक अर्थ-सन्दर्भों से सम्बद्ध करते हैं और एक निश्चित राजनीतिक दृष्टिकोण को प्रस्तुत

करते हैं। संसद और जनतन्त्र के प्रति धूमिल का संवेदनात्मक ज्ञान सही है। तथाकथिक स्वतन्त्रता के बाद बढ़ते संकटों का तीखा एहसास और उनसे मुक्ति के लिये लोक चेतना से जुटने का निर्देश उन्हें सही समझदारी के साथ जोड़ने का काम करते हैं। धूमिल की कविताओं की भाषा उसके कथ्य के अनुरूप है। मुक्तिबोध की अपेक्षा धूमिल के शब्द अधिक जाने पहचाने लगते हैं। लेकिन रूप निर्माण की पद्धति लोक-रूपों और चिन्तन की गहराई युक्त बांके-तीखे तेवरों में वे मुक्तिबोध के सामने नहीं टिकते।

धूमिल को अपनी कविताओं के लिये 'दूसरे प्रजातन्त्र की तलाश है' इसके उत्तर में धूमिल लिखते हैं—

जनतन्त्र
जिसकी रोज सैंकड़ों बार
हत्या होती है और हर बार
वह भेड़ियों की जुबान पर जिंदा है।

—धूमिल : शहर में सूर्यास्त

धूमिल के लिये मौजूदा लोकतन्त्र भेड़िया-तन्त्र है। वह शोषण एवं दमन तन्त्र है। इन भेड़ियों के आतंक धूमिल की अनेक कविताओं में दिखते हैं—ये वही हैं जो अक्सर 'अपराध के असली मुकाम पर अंगुली रखने से मना करते हैं (अकालदर्शन)। इन्हीं के चलते 'ईमानदार लोगों को अपनी ईमानदारी पर मलाल है और सच कहने वालों का बुरा हाल है '(पटकथा)। धूमिल ने इन अहिंसक भेडियों को 'लोगों का गला काटते, इन 'ईमानदारों को चोर जेब भरते' और ज्ञानियों को इन दलालों के तलवे चाटते (पटकथा) देखा है।'

सार्थक वक्तव्यों के साथ-साथ धूमिल कविता की उपादेयता को बढ़ाने के लिये भी चिन्तित एवं प्रयासरत रहे हैं। कविता की सार्थकता के बाबत उनकी चिन्ता इस प्रकार व्यक्त हुई है—

जब इससे न चोलीबन सकती है
न चोंगा
तब आपै कहो इस ससुरी कविता को
जंगल से जनता तक ढोने से क्या होगा ?
आपै जवाब दो मैं इसका क्या करूँ
तितली के पंखों में पटाखा बाँध कर
भाषा के हल्के में कौन सा गुल खिला दूँ।

कविता को अधिकतम सार्थक एवं उपयोगी बनाने की चिन्ता धूमिल को इसलिये सताती है क्योंकि वे जनता की मूलभूत आवश्यकताओं तथा समकालीन कविता की स्थिति से भलीभांति परिचित हैं। धूमिल को मालूम है कि 'पसीना हमारे देश में पाप से अधिक बदबू देता है' धूमिल देखते थे—अपना हाथ खो कर चिमनी के नीचे खड़ा है निहत्था मजूर। इसीलिए धूमिल कहते हैं—इस समय कविता पेट से सुनी जा रही है न कि आदमी गजल गा रहा है। ऐसे वक्त में कविता अपनी खुराक के लिये समूचा आदमी मांग रही है।

कविता के बारे में धूमिल ने अपनी कविताओं के माध्यम से ही अनेक सार्थक वक्तव्य दिये हैं। 'मुनासिब कार्रवाई' नामक अपनी कविता में धूमिल ने कविता को कुछ इस अन्दाज में पेश किया है—

कविता शब्दों की अदालत में
मुजरिम के कटघरे में खड़े बेकसूर आदमी का
हलफनामा है।

इसी कविता में धूमिल लिखते हैं—

क्या यह व्यक्तित्व बनाने की
चरित्र चमकाने की
चीज है ?
ना भाई ना
कविता भाषा में
आदमी होने की तमीज है।

—धूमिल : मुनासिब कार्रवाई

'कविता' नामक शीर्षक कविता में धूमिल ने कविता को—

कविता घेराव में
किसी बौखलाए हुए आदमी का
संक्षिप्त एकालाप है।

'पटकथा' नामक कविता संसद से सड़क तक (१९७२) संग्रह की सबसे लम्बी कविता है। 'लम्बी कविता वस्तुतः आधुनिक युगीन स्थितियों की अनिवार्यता की उपज है। जो प्रबन्धात्मक काव्य रूप के विकल्प स्वरूप अस्तित्व में आई। धूमिल की पटकथा एक फैंटेसी के मिश्रण से राजनीतिक सामाजिक यथार्थ को लेकर रची गयी एक ऐसी चित्रकथा है जो अपने विराट

फलक पर ऐसे दृश्यों को लाती है जिन्हें एक मार्क्सवादी रुझान और लेखकीय ईमान के तर्क से संजोया गया है। इसमें वर्गीय संवेदना, पूँजीवादी दिमाग की सुविधापरस्ती के आपसी द्वन्द्व चित्रित हैं और इस कविता के माध्यम से धूमिल की जनवादी चेतना का भी जायजा लिया जा सकता हैं।

पटकथा में राजनीतिक व्यवहारों और परिणामों को भोग रहे समूचे समाज एवं देश का चित्रण है। जिसके लिए कवि ने पूँजीवादी दिमाग और स्वयं को सुविधापरस्ती के लिए जिम्मेदार ठहराया है। हमशक्ल हिन्दुस्तान या वह दलाल जो अलग-अलग और सम्मिलित रूप में हत्या की स्थितियों के कारक तत्व है—

हत्यारा, हत्यारा, हत्यारा
मैंने यह किसको कहा था
शायद अपने आप को
शायद उस हमशक्ल को (जिसने खुद को हिन्दुस्तान कहा था)

—धूमिल : 'पटकथा

इस लम्बी कविता में देश के स्वतन्त्र होने के बाद से लेकर सन् १९६५ के भारत पाकिस्तान युद्ध तक के घटना-चक्रों का वर्णन है—

मैंने कहा—आज़ादी
और दौड़ता हुआ खेतों की ओर गया
वहाँ कतार के कतार
अनाज के अंकुर फूट रहे थे।

कवि चेतना के आधार पर 'पटकथा' को विश्लेषित करें तो यह स्पष्ट हो जाता है कि धूमिल का कवि मन वर्ग-चेतना से बंधा हुआ है। समाज चेतना से कवि ने साक्षात्कार किया है इसीलिए कवि निम्नतम वर्गों को ही मिला सका है—

मगर आपस में नफ़रत करते हुए लोग
इस बात पर सहमत हैं कि
चुनाव ही सही इलाज है
क्योंकि बुरे और बुरे के बीच से
इसी हद से कम से कम बुरे को चुनते हुए
न उन्हें मलाल है न भय है
न लाज है।

जिन लोगों को जीवन स्थितियों को जाचने-चुनने का कभी अवसर नहीं मिलता वे चुनाव का अवसर आने पर एक विशेष प्रकार के प्रचारी उतजना के

अधीन अपने पड़ोसियों (अपने ही वर्ग वालों) को हराने में ही अपनी इति मानने लगते हैं।

भारत में लोकतन्त्र के कारण वर्गतन्त्र तीव्रता से फैला है और राजनीतिक कुहासा सर्वत्र फैला है। इसीलिए धूमिल 'पटकथा' में इस लोकतन्त्र को कोसते हैं। भूख, आर्थिक शोषण और सर्वमुखी बेहाली के वर्णन जहाँ-जहाँ आते हैं वहाँ मानवीय बेबसी, लाचारी और अनेक प्रकार के अत्याचार सहते लोगों के भयावह चित्र दिखलाये गए हैं—

यह श्मशान है यहाँ की तस्वीर लेना
सख्त मना है····
मैंने अचरज से देखा कि दुनिया का
सबसे बड़ा बौद्ध मठ
बारूद का सबसे बड़ा गोदाम है।

'पटकथा' में अनेक नये प्रतीकों की रचना हुई है तथा कुछ पुराने पारम्परिक प्रतीक जैसे जंगल, अंधेरा, पशु आदि को नये अर्थ में प्रयुक्त किया गया है—

मेरे देश का समाजवाद
मालगोदाम में लटकती हुई
उन बाल्टियों की तरह है जिस पर आग लिखा है
और उनमें बालू और पानी भरा है।

यहाँ ऐसा नहीं है कि धूमिल की समाजवाद में आस्था नहीं है बल्कि जनवाद के प्रति अपनी गहरी आस्था और अपनी जनवादी चेतना के कारण ही वह उसकी दिखावटी विसंगत स्थिति के प्रति क्षुब्ध है। इस दिखावटीपन को व्यक्त करने के लिए मालगोदाम में लटकती हुई बाल्टियों के प्रतीक के माध्यम से धूमिल तत्कालीन भारतीय समाजवादी विडम्बना को प्रकट करते हैं।

'संसद से सड़क तक' की अधिकांश कविताओं का अवलोकन करने से यह पता चलता है कि धूमिल की दृष्टि में हर हालत में कविता में पीड़ित मनुष्यों की ज़िन्दगी बोलती है। धूमिल की कविताओं का जनवादी चरित्र भी इन कविताओं में साफ़-साफ़ परिलक्षित होता है। 'मोचीराम' नामक कविता इस संग्रह की एक और सशक्त कविता है। काव्य नायक मोचीराम कहता है—

मेरी निगाह में
न कोई छोटा है
न कोई बड़ा है
मेरे लिए हर आदमी एक जोड़ी जूता है।

मोचीराम के पास जूते के रूप में हर वर्ग के लोग आते हैं। वह जानता है कि—

पेशेवर हाथों और फटे हुए जूतों के बीच
कहीं न कहीं एक अदद आदमी है
जिस पर टांके पड़ते हैं
जो जूते से झांकते हुए अंगुली की चोट छाती पर
हथौड़े की तरह सहता है।

जूतों की यह पहली जाति सर्वहारा वर्ग की है जो अपनी मजबूरियों में फटा जूता पहनने को बाध्य है। जूते की दूसरी जाति मध्यवर्गीय लोगों की है—

यह कोई बनिया है
या बिसाती है
मगर रोब ऐसा कि हिटलर का नाती है।

मध्यवर्ग की तानाशाही प्रवृत्ति को ही धूमिल ने हिटलर के नाती के रूप में चित्रित किया है। मध्यवर्गीय हिटलर का नाती मोचीराम पर अपने शब्दों की गोलियाँ इस प्रकार दागता है—

इसे बांद्धो, उशे काट्टो, हिया ठोक्को
वहाँ पीट्टो, घिस्सा दो
अइसा चमकाओ, जूते को ऐना बनाओ

अपनी सारी चालाकियों के बाद भी बोर्जुआ मोचीराम के रूप में कवि की वर्गीय चेतना को धोखा देने में कामयाब नहीं हो पाता इसीलिए मोचीराम कहता है—

चोट जब पेशे पर पड़ती है
तो कहीं न कहीं एक चोर कील
दबी रह जाती है
जो मौका पा कर उभरती है
और उंगली में गड़ती है।

—धूमिल : 'मोचीराम'

यहाँ धूमिल ने सर्वहारा की जनवादी चेतना को मोचीराम के माध्यम से व्यक्त किया है। 'सुदामा पाण्डे का प्रजातन्त्र' नामक संग्रह की कविताओं में यह तल्खी बहुत व्यापक पैमाने पर अभिव्यक्त हुई है। संग्रह के 'टाइटिल पृष्ठ' पर ही उन्होंने एक टुकड़ा दिया है जो अन्ततः इस व्यवस्था के प्रति आशा को निराशा में बदलता दिखाई देता है—

न कोई प्रजा है
न कोई तन्त्र है
यह आदमी के खिलाफ
आदमी का खुलासा
षडयन्त्र है ।

—धूमिल : 'सुदामा पांडे का प्रजातन्त्र'

अपने सारे संघर्षों के साथ धूमिल एक 'सार्वजनिक' और 'क्रमिक मौत पाने' के बजाय अकेले हो कर मरना पसन्द करते हैं परन्तु अमानवीय संकट उन्हें कविता के ज़रिये सार्वजनिक बनने पर विवश करता है ।

धूमिल की दूसरे दौर की कविताएँ 'कल सुनना मुझे' नामक संग्रह की कविताएँ हैं । जहाँ जनता से जुड़ा कवि 'दिन भर के बाद । भोजन कर लेने पर । देश-प्रेम से मस्त एक गीत । गुनगुनाता तो है परन्तु वह इस देशप्रेम की असलियत से भी खूब वाकिफ है और देश प्रेम उसके लिये इस कारण जरूरी है कि वह जानता है कि—'देश प्रेम मेरे लिए—अपनी सुरक्षा का । सर्वोत्तम साधन है । इस व्यंग्य में पैनेपन के साथ कितना अवसाद भरा है । धूमिल की इस दौर की कविताओं में 'जनतन्त्र' अब और अधिक सब्र करने की चीज़ नहीं रह गया है । भूखी नंगी जनता के सब्र का बांध आखिर टूट ही जाता है और 'पेट से लड़ते-लड़ते जिसका हाथ अपने प्रजातन्त्र पर उठ गया है । धूमिल का आक्रोश 'कल सुनना मुझे' संग्रह की कविताओं में और भी मारक व्यंग्य से सुसज्जित हो उठा है । 'एक कविता : कुछ सूचनाएँ' देती है—

प्रेम में असफल छात्राएँ
अध्यापिकाएँ बन गयी हैं
और रिटायर्ड बूढ़े
सर्वोदयी
आदमी की सबसे अच्छी नस्ल
युद्धों मे नष्ट हो गयी
देश का सबसे अच्छा स्वास्थ्य
विद्यालयों में
संक्रामक रोगों से ग्रस्त है !

—धूमिल : 'एक कविता : कुछ सूचनाएँ'

सन् १९६७ के मोड़ पर केवल धूमिल की कविता ही नहीं पूरा भारत बदल रहा था । यह जबरदस्त बदलाव लाने वाली शक्ति थी नक्सलबाड़ी विद्रोह ।

१९६७ के बाद के हिन्दी साहित्य और खास कर धूमिल की कविता का अध्ययन करते हुए इस नये मोड़ को ध्यान में रखना बेहद जरूरी है। इसके बिना न तो धूमिल की जनवादी विचारधारा को समझा जा सकता है और न तो उनकी कविताओं की उर्जा, आवेग और दबंगपन से भरे व्यंग्य को।

१९६७ के इस ऐतिहासिक मोड़ के प्रति धूमिल के रुख की, पिछले मोह और वर्तमान मोहभंग की, नये परिवर्तन की प्रक्रिया, युगबोध, अन्तर्विरोध और आत्मसंघर्ष की एकत्र अभिव्यक्ति है—'पटकथा'। कविता की शुरूआत आज़ादी के उल्लास, उत्साह और मोह से होती है—

मैंने कहा—आ-ज़ा-दी
ओर दौड़ता हुआ खेतों की ओर
गया।

फिर 'मैंने इन्तजार किया' इन उम्मीदों के साथ कि अब कोई बच्चा भूखे पेट स्कूल नहीं जायेगा, कोई मकान बरसात में नहीं टपकेगा, कोई नंगा नहीं रहेगा, कोई दवा के अभाव में नहीं मरेगा, कोई किसी की रोटी नहीं छीनेगा। इन्तजार चलता रहता है। जनतन्त्र, त्याग, स्वतन्त्रता, संस्कृति, शान्ति, मनुष्यता जैसे वादे और इरादे सुनाई पड़ते रहते हैं।

प्रौढ़ शिक्षा नामक कविता में धूमिल जनता की चेतना को झकझोरते हुए कहते हैं—

हर हाथ में
गीली मिट्टी की तरह—हां-हां-मत करो
तनो
अकड़ो
अमर बेलि की तरह मत जियो
जड़ पकड़ो।

—धूमिल : 'प्रौढ़ शिक्षा'

नेहरू जी और शास्त्री जी की मृत्यु कवि को झटका-सा देती है। भारत चीन एवं बाद में भारत-पाक युद्ध कवि को चेतना को झकझोर देते हैं। उस के सामने आने वाले भारत की एक छवि तैर जाती है। शोषण और अत्याचारों से भरी। लेकिन देश की दुर्दशा जनता की बदहाली या शासक वर्ग के शोषण तन्त्र के बारे में कोई नई समझ नहीं हासिल होती। वह देश के कंगालों और अनाज के गोदामों की ओर नज़र फिराता है।

वहाँ बंजर मैदान
कंकालों की नुमाइश कर रहे थे
गोदाम अनाज से भरे पड़े थे और लोग
भूखों मर रहे थे।

—'संसद से सड़क तक'

कवि महसूस करता है—
मैं वक्त के
एक शर्मनाक दौर से गुजर रहा हूँ।

कवि देखता है कि—इस जनतान्त्रिक जंगलों में, हत्याओं के नीचे से असली खूनी हाथों के बदले हरे-हरे हाथ निकलते हैं और पेड़ों पर पत्तों की जुबान बन कर ऐसी भाषा बोलते हैं, जिसे सुन कर 'नागरिकता की गोधूलि' घर लौटते हुए मुसाफिर' 'अपना रास्ता भटक जाते हैं।' सत्ता की धोखे में डालने वाली इस भाषा ने सारी वस्तु स्थिति को उलट-पलट दिया है। चीजों को पहचानना कठिन हो गया है—

उनका व्याकरण
देश की
शिराओं में छिपे हुए कारकों का
हत्यारा है।

शासक वर्ग बेहद चालाक हो गया है। वह शोषण के साथ-साथ उसे छिपाने के लिये बड़े पैमाने पर भ्रामक प्रचार भी करता है—वे खेतों में भूख और शहरों में 'अफवाहों के पुलिन्दे फेंकते हैं।' वे अपने खिलाफ उठने वाले विरोध का केवल दमन नहीं करते, बल्कि सुविधाएं देकर, बहला-फुसला कर विरोध को नोक मार देते हैं—

वे जिसकी पीठ ठोंकते हैं।
उसके रीढ़ की हड्डी गायब हो जाती है
वे मुस्कराते हैं और
दूसरे की आंख में झपटती हुई प्रतिहिंसा
करवट बदल कर
सो जाती है।

सन् १९६७ के मोड़ पर भारतीय जनता में हर तरफ़ ऊब है, संशय है, नफ़रत है,—'सारी चीजों को नये सिरे से बदलने की बेचैनी है', रोष है, लेकिन उसका गुस्सा एक तथ्यहीन मिश्रण था। 'आग और आंसू की' हाथ, उस युग की

बेचैनी, तड़प और चाहत को धूमिल ने इन पंक्तियों में बहुत ही कम शब्दों में स्पष्टता के साथ व्यक्त किया है—

अपनी तनाव भरी चिन्तन यात्रा के
ठीक इसी मोड़ पर
नींद के असंख्य पत्तों में
डूबते हुए मैंने देखा
कि मेरी उलझनों के अन्धेरे में।
एक हम शक्ल खड़ा है। यह हम-शक्ल है हिन्दुस्तान।

यहाँ यह बात ध्यान देने की है कि धूमिल को अपने देश का वास्तविक साक्षात्कार युद्धों के झटकों के बाद नहीं, बल्कि बंजर मैदानों से लेकर 'जनतांत्रिक जंगल के ठोस अनुभव यात्राओं के बाद होता है। हिन्दुस्तान कहता है—

इस दलदल से बाहर निकलो
सुनो
तुम चाहे जिसे चुनो
मगर इसे नहीं
इसे बदलो।'

--धूमिल-'पटकथा'

उसकी यह आवाज जलते हुए कुएँ से आती लगती है। उसकी आवाज में असंख्य नरकों की घृणा भरी थी, वह वादों और इरादों के तमाम भ्रमजाल में फँसी हुई उत्पीड़ित जनता को ही जैसे कोंच कर जगाते हुए पूछता है 'वह क्या जिसने तुम्हे। बर्बरों के सामने अदब से। रहना सिखाया है।' कवि अब तक की चली आती निराशा, असन्तोष और आक्रोश को जैसे सही दिशा देने का आह्वान करते हुए कहता है—'अब वक्त आ गया है कि तुम उठो। और अपनी ऊब को आकार दो।' कवि जनता की जनवादी चेतना को उभारने और गति देने में सहायता करना चाहता है। इसीलिए कवि जनता से कहता है—

इसलिए उठो और अपने भीतर
सोये हुए जंगल को
आवाजे दो
उसे जगाओ और देखो
कि तुम अकेले नहीं हो
और न किसी के मुहताज हो
लाखों हैं जो तुम्हारे इन्तजार में खड़े हैं
वहाँ चलो
उनका साथ दो